智慧供应链学院系列教材

智慧供应链人才培养教程

益达（广州）教育科技有限公司
易达供应链管理（广州）有限公司　编著
深圳市怡亚通益达教育服务有限公司

中国财富出版社

图书在版编目（CIP）数据

智慧供应链人才培养教程／益达（广州）教育科技有限公司，易达供应链管理（广州）有限公司，深圳市怡亚通益达教育服务有限公司编著．—北京：中国财富出版社，2017.11

（智慧供应链学院系列教材）

ISBN 978 - 7 - 5047 - 4833 - 1

Ⅰ.①智…　Ⅱ.①益…　②易…　③深…　Ⅲ.①供应链管理—教材　Ⅳ.①F252.1

中国版本图书馆 CIP 数据核字（2017）第 302344 号

策划编辑 杨 枭	**责任编辑** 邢有涛　杨 枭		
责任印制 石 雷	**责任校对** 孙丽丽		**责任发行** 敬 东

出版发行 中国财富出版社

社　　址 北京市丰台区南四环西路 188 号 5 区 20 楼　　　**邮政编码**　100070

电　　话 010 - 52227588 转 2048/2028（发行部）　010 - 52227588 转 307（总编室）

010 - 68589540（读者服务部）　　　　010 - 52227588 转 305（质检部）

网　　址 http://www.cfpress.com.cn

经　　销 新华书店

印　　刷 北京京都六环印刷厂

书　　号 ISBN 978 - 7 - 5047 - 4833 - 1/F·2848

开　　本 710mm×1000mm　1/16　　　　　**版　　次** 2018 年 1 月第 1 版

印　　张 8.25　　　　　　　　　　　　**印　　次** 2018 年 1 月第 1 次印刷

字　　数 135 千字　　　　　　　　　　**定　　价** 58.00 元

编 写 组

主　　编：李志勇　黄华坤

副 主 编：任稚苑　赖　敏　金　焕　陈楚岚

编写人员：盛　鑫　宋君远　张　泉　邓传红　任桂湘　杜　青
　　　　　曹　洁　肖丽霞　罗雅情　孟　刚　王香芬　吴　君
　　　　　刘玉玲　马　棒　魏月如　徐向慧　王维娜　翟红红
　　　　　周丹丹　杜　青　任桂湘　胡春凡　黄莉明　王　静
　　　　　胡惟璇　王珊君　郭家鹏　马小姗　欧阳茜　黄红如
　　　　　李志勇　黄华坤　薄　斌　张　滨　赖　敏　张　议
　　　　　金　焕　陈楚岚　邓婉姬　黄玉波　任稚苑　戴小虹
　　　　　邱俊升　姜保军

前　言

◇ **世界因智慧供应链而变**

大力推进供应链管理的发展，是中国物流业发展的新阶段，是改变中国经济发展方式的重大战略，是中国企业升级转型、应对全球化竞争的必由之路。

"市场上只有供应链而没有企业，真正的竞争不是企业与企业之间的竞争，而是供应链与供应链之间的竞争。"英国著名经济学家克里斯多夫的这句话已经被崇尚供应链竞争的理论家和实践者们奉为经典。在经济全球化的今天，全球供应链战略已成为跨国公司的头号战略，优化供应链已成为成功企业的重要标志。

在全国推进和优化供应链管理，可以极大地改变中国经济的发展方式，改变产业的发展方式，改变城市的发展方式，改变企业的发展方式，为中国经济从粗放经营到集约经营的转变做出了不可估量的贡献。有了"互联网＋"，必须有"供应链＋"，世界因智慧供应链而变。

◇ **供应链应用与创新人才支撑企业转型升级**

经济全球化的发展、资源在全球范围内的流动和配置加强、生产和销售活动在全球范围内的分布直接推动了全球化采购，我国正在成为全球最大的制造中心、采购与供应市场，对供应链管理人才的需求与日俱增。当前，我国高等院校、职业院校和职业培训机构在供应链管理人才培养方面存在着质与量的不足，使产业和市场人才供给严重滞后，影响了国家供应链管理战略的实施。为了有效支持中国企业在"全球整合世纪"的无疆界竞争中取得长足发展，益达（广州）教育科技有限公司（简称"益达教育"）于 2015 年与国内第一家供应链上市企业深圳市怡亚通供应链股份有限公司（简称"怡亚通"，A 股代码：002183）共同推出"智慧供应链人才培养体系"，致力于为社会培养出具有高度整合意识、能胜任全产业链企业的跨专业、复合型智慧供应链人才。

经过两年的深耕细作，《智慧供应链人才培养教程》已初步成型，在全球整合的大背景趋势下，根据中国的中小型企业升级转型过程中所缺少的人才需求定制，重点面向中高职以及本科院校商贸物流专业的学生群体，支持中国企业破局，应对全球模式、全球运营、全球资源、全球品牌、全球人才、全球文化所带来的挑战。

《智慧供应链人才培养教程》主要是为满足智慧供应链背景下现代服务业类型企业人才的培育需求，与中国物流与采购联合会紧密合作，共同完成基于本教程的智慧供应链创新创业业务培训与认证。本教程人才培养方向具体面向旅游服务类、商贸流通服务类、金融服务类、物流与文化创意类等企业类型，重点面向本科院校以及中高职院校商贸物流专业学生群体，并服务于地方物流企业、商贸企业。本教程核心是以"互联网＋"思维，改造并升级传统现代物流业、现代商贸业，从而使传统供应链变得更加智慧，真正培养出适应未来的跨界、复合型的现代商贸服务人才。

本书的出版获得了郑州科技学院、南宁学院、吉林工商学院、吉林建筑大学、长春光华学院、吉林大学珠海学院、广州航海学院、广州番禺职业技术学院、滁州职业技术学院、江苏农牧科技职业学院、珠海城市职业技术学院、广东轻工职业技术学院、漳州职业技术学院、义乌工商职业技术学院、广州工程职业技术学院、陕西职业技术学院、武汉交通职业技术学院、惠州城市职业技术学院、广东省工业高级技工学校、金华技师学院等院校相关领导及专业教师的大力配合，在此一并感谢。

益达（广州）教育科技有限公司

易达供应链管理（广州）有限公司

深圳市怡亚通益达教育服务有限公司

2017 年 11 月 20 日

目　录

上篇　智慧供应链人才培养方案规划

中篇　智慧供应链人才培养应用案例

下篇　智慧供应链——企业转型升级的未来趋势

上 篇

智慧供应链人才培养方案规划

◇ **无疆界竞争开启"全球整合世纪"**

"在一幅政治地图上，国与国之间的界限相当清楚。然而在一张竞争图上所显示的，金融与企业活动川流不息的情况，使这些疆界大多消失不见了。"日本"战略之父"大前研一指出如今已经是一个"无国界的世界"。竞争没有疆界，中国企业必须把视野放到全世界，整合全球资源应对来自全球的竞争。

以苹果手机为例，产品设计在世界研发基地（美国加州）展开，融资在世界金融中心（美国纽约）实现，零部件可以在世界任何一个合适的生产基地生产（中国及亚洲其他制造基地），再通过复杂的物流网络运送到世界任何合适的组装基地装配，最终产品发售给遍布全球的消费者，全球资源整合使专业化分工及大规模生产可以在全球范围内实现。

你需要通过多少人才可以认知史蒂夫·乔布斯？100 个人？还是 1000 个人？不，最多 6 个人！对于一个拥有 66 亿人的世界来说，"六度分离"的确是一个令人难以置信的理论，世界上任何两人之间最多通过 6 个人就能联系起来。

南美洲的蝴蝶扇动一下翅膀，通过种种因素，就可能引起亚洲地区的一阵台风，在"全球整合世纪"，地球上所有人的命运都被放到同一个篮子里，没有一个国家可以成为绝缘体，而且关联甚至比以往更密切。

当世界真的发展成为了"地球村"，贸易壁垒被打破，各国经济的相互依赖性增强，国际游资愈加活跃，在全球市场化的过程中，竞争创造了效率，同时也使财富越来越向少数国家或少数利益集团集中，导致贫富差距扩大，这将与"地球村"的愿景背道而驰。

如何推动全球化的历史巨轮驶向一个"智慧的小地球",归根结底只有四个字——全球整合,世界已经步入互联网加物联网的时代,这种信息革命加供应链革命创造的全球整合将实现人类全面的互联互通,21世纪将属于"全球整合世纪"。

第一章 智慧供应链人才培养的
目标与建设原则

第一节 智慧供应链人才培养目标

2016 年我国制造业逐步进入工业 4.0 时代，制造业创新、转型发展、《中国制造 2025》以及供给侧结构性改革的提出，使得我国制造业"走出去"战略思路日渐清晰。由"制造"向"智造"转型，始终是社会各界共同面临的重要课题，也是中国制造业进一步发展的必由之路。

电商行业 O2O（线上到线下）的全渠道扩张给供应链管理带来了极大挑战，垂直 B2B（企业到企业）电商逐渐取代传统渠道，线上线下品类逐渐融合，全渠道的库存管理、供应链网络框架特别是物流网络的建设面临极大的挑战。

在各行各业的发展中，物流已成为亟待突破的瓶颈。传统物流旨在解决时间、空间的问题，并没有连接企业上下游。商品交易已经回归本质，消费者需要与商家进行连接。当传统的物流系统已经无法满足社会发展的需要时，智慧供应链应运而生。智慧供应链是结合物联网技术和现代供应链管理的理论、方法和技术，在企业中和企业间构建的，实现供应链的智能化、网络化和自动化的技术与管理综合集成系统，具备信息化、网络化、智能化、可视化、数字化、集成化、柔性化、自动化等主要的先进特征。

在"全球整合世纪"，中国企业需要向智慧供应链转型谋求生存之道，而任何企业的发展都离不开人才，人才是科技创新、品牌孵化最原始的驱动力，由此解决智慧供应链人才培养的问题已经迫在眉睫。

第二节　智慧供应链人才需求缺口

　　智慧供应链人才培养主要依据现代服务业类型企业的人才需求进行，重点面向本科院校以及中高职院校商贸物流专业学生群体，并服务于地方物流企业、商贸企业，以"互联网+"的思路，改造并升级传统物流业与商贸业，从而使传统供应链变得更加智慧，真正培养出适应未来的跨界、复合型现代商贸服务人才。

　　经过长期的调查分析，重点以快消行业的宝洁公司、耐消行业的西门子公司、信息技术（IT）领域的联想集团和金蝶集团、汽车行业的宝马公司、房地产行业的万科地产和中海地产、商业流通行业的百佳公司和国美电器、电子商务领域的阿里巴巴等企业为调研对象，范围覆盖30多个部门、200多个岗位。经研究、统计，发现零售、快消、耐消行业对本科生与专科生需求较大，职业岗位对人才的需求具有向供应链下游移动的特点。样本企业物流与供应链涉及部门对相关人才需求情况如表1所示。

第三节　智慧供应链人才培养建设原则

一、以供应链思维为依据

　　供应链思维是既较为系统全面又丰富多彩的一种思考方式，区别于互联网思维的关键词"单点极致"，供应链思维强调的是以点及面，是将采购、生产、渠道、营销等各个环节综合考虑的结果。供应链思维的思维逻辑是立足核心优势、整合无边界资源、扩大核心优势。结盟、联动、共赢是供应链思维的特点，供应链思维是围绕一个目标全局思考、系统整合、协同作战。全程供应链构成示意如图1所示。在全球资源整合时代企业与企业之间的竞争，就是供应链的竞争。

表 1　样本企业物流与供应链涉及部门对相关人才需求情况

上游

企业类型	部门	岗位
生产制造	总经办	总经理
	销售部	销售代表
		销售经理
	采购部	采购员
		采购员
		采购员（跟单）
		采购经理
	物流部	仓库文员
		收货员
		仓管员
		发货员
		配载员
		配送员
		调度员
		仓库主管
		车队管理
	生产部	计划员
		物控员

中游

企业类型	部门	岗位
物流	总经办	总经理
	中控部	配载员
		调度控制员
	文件部	文件文员
	箱管部	箱管员
	计划部	船舶计划员
		堆场计划员
	装卸队	桥吊司机
		内拖车司机
		龙门吊司机
		正面吊司机
		外拖车司机
		侧面吊司机
	物流部	仓库文员
		收货员
		仓管员
		发货员
		配送员

下游

企业类型	部门	岗位
O2O 线上（电商/跨境）	总经理室	总经理
	管理部	管理部助理
	财务部	会计
		出纳
	采购部	采购员（国内/跨境）
		跟单员（国内/跨境）
		采购主管
		品质助理（国内/跨境）
	营运部	运营专员（国内/跨境）
		运营经理
	前台	收银员
		总台服务
	仓储部	主管
		助理
		收货员
		打单员
	咨讯部	咨讯部经理
		咨讯部经理助理
O2O 线下（连锁门店）	总经办	总经理
	门店	店员
		收银员
		店长
	采购部	采购经理
		采购经理
	物流部	仓管员
		订单管理员
		质检员
		退货管理员
		仓储经理
	配送部	配送员
		配送经理
		调度员
	客服部	客服文员
		客服经理
	企划部	促销管理员
		企划主管

续 表

上游

企业类型	部门	岗位
生产制造	生产部	生产文员
		物料员
	财务部	财务经理
		出纳
		应收会计
		应付会计
		成本会计
	IT部	IT工程师
	工程部	工程技术工程师
	质检部	原材料质检员
		成品质检员
		质检经理
	人事部	人事经理

中游

企业类型	部门	岗位
物流	物流部	配送员
		调度员
		仓库主管
		车队主管
	财务部	财务经理
		出纳
		应收会计
		应付会计
		成本会计
	IT部	IT工程师
	人事部	人事经理

下游

企业类型	部门	岗位
O2O线上（电商/跨境）	咨讯部	资讯员
	企划部	企划部经理
		企划助理
	视觉设计部	视觉设计主管
		美工
	网络分销部	网络分销主管
	客服部	客服主管
		销售客服（国内/跨境）
		售后客服（国内/跨境）
	网络推广部	客户关系管理专员（国内/跨境）
		网络推广经理
		网络营销策划
		英文文案策划
	海运部	船运专员
O2O线下（连锁门店）	督导部	督导员
	商品部	价格核定员
		商品管理员
	财务员	财务会计
		财务经理
	人事部	人事专员
		人事经理
	市场部	市场专员
		市场经理
	信息部	IT主管

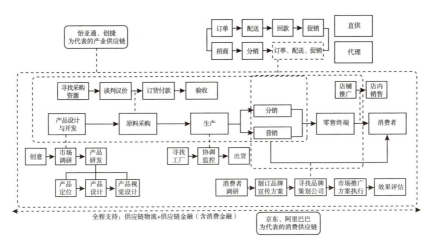

图1　全程供应链构成示意图

因此，培养未来企业所需的人才也需要以供应链思维为依据。智慧供应链人才培养模式基于供应链思维，以C2B（消费者到企业）为商业模式，以就业与创业为核心，并辅助形式多样化的教育手段，培养能广泛适应就业需要、创新创业需要的大商科、跨界、复合型智慧供应链人才。智慧供应链思维人才培养定位模型如图2所示。

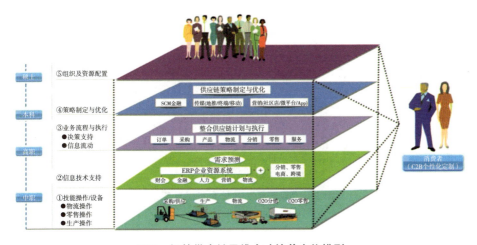

图2　智慧供应链思维人才培养定位模型

二、以深度产教融合为目标

智慧供应链人才培养模式旨在实现"双三元"职教模式的全方位融合，这是一种全新的办学理念，以产教融合、校企合作、工学结合、知行合一为运行结构。强调在"智慧"概念的基础上用开放的思维理念，以国际化的视野和意识来引领供应链改革。这将从根本上转变高校的教育观、人才观、质量观和价值观，建立新的知识体系、新的素质结构和能力结构。

"双三元"职教模式由"政校企"（即以政府为主导、以学校为主体、以企业为支撑）办学模式和"行校企"（即以行业为指导、以学校为主体、以企业为支撑）人才培养模式组成，其核心理念是实现职业教育中国特色的"三元互助、协同创新、服务地方、互为补充、互为支撑"。"双三元"层次分明、路径清晰、责任明确，形成政府、行业、企业、学校合作办学、合作育人、合作就业、合作发展的长效机制。"双三元"政校企行关系原理如图3所示。

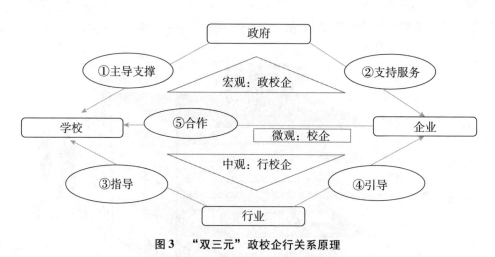

图3 "双三元"政校企行关系原理

（一）仿真融合

仿真融合是以益达教育现有完整的单专业、跨专业经管类综合实训平台（即现代服务业综合实训平台）为基础，导入全新的企业真实运营的案例和数据进行实训。对具有硬件（如实训室）条件的院校，则直接将实训室进行社会化服务改造，使其具备一定的社会服务功能，从而一定程度地实现产业与教育的融合。

在仿真融合层次中，怡亚通将基于产业真实岗位进行分析，提炼出对应的核心能力（覆盖采购、生产、销售、物流等全产业链过程）。

益达教育为院校提供软件平台（包括企业管理软件、模拟仿真软件、三维仿真软件、云平台、资源库等）、硬件设备（包括电商物流、立体仓储、配送分拣、O2O 超市、保税仓储等），规划与建设智慧供应链实践基地，同时基于怡亚通提供的核心岗位技能，帮助院校将实训室投入仿真教学。

（二）全真融合

全真融合是利用怡亚通 380 分销平台的 380 个城市及乡镇渠道与网络、150 万家社区门店，覆盖全产业链的供应链金融，将教学以"平台 + 案例（真实项目）+ 真实货源/商品/创意/设计/作品/科研成果 + 资金 + 全程供应链支持"的形式，做到将产业运营过程无缝嵌入到教学体系中，并形成新型智慧供应链人才培养体系。

在全真融合层次中，怡亚通将开放其全球 500 强企业真实客户案例，提供 40 万个 SKU（库存量单位）知名品牌货源，深度"380 分销"、广度城市配送、自贸物流、宇商金融以及 80 亿元怡创产业基金支持。

益达教育为学院提供云教育平台、创业平台、第三方平台对接服务，规划与建设创客空间、创意工厂、项目运营中心等，同时基于怡亚通的产业链支持，提供运营导师乃至师资培训，真正实现全真层次的融合，帮助院校将产业运营嵌入教学体系。

（三）双创融合

双创融合是校企双方为共同主体，以企业化运营的方式，整合资本、项目（标准化商品、学生创意/设计/作品、当地特产、地方特色服务等）、团队及运营平台，从而实现双创教学与企业经营的双丰收。

在双创融合中怡亚通开放其O2O商业生态圈中的星链平台资源、大数据及企业线下资源、供应链体系、品牌孵化体系、配套企业讲师队伍、80亿元怡创产业资金，共同研发，服务当地政府和企业，助力地方品牌走向全国，协助教师提升实战水平。

益达教育协助院校建立双创学院，培养项目运营团队；导入企业项目，提供对应教学设计与执行；导入企业运营团队，辅导双创学院运营与评估；搭建双创平台，指导双创实践基地规划与建设；共建双创研发平台，协助双创实践教学研究及企业化运营服务体系实战与研究。最终通过其系列平台（国内C2B平台、国际C2B平台、创业平台等）将怡亚通O2O商业生态圈对接与融入校园及地方产业。

（四）人才融合

人才融合是集结怡亚通上下游企业的人力资源需求，为广大院校学生构筑的就业服务联盟，实现院校人才培养出口与企业人才需求的无缝对接。

在人才融合中，怡亚通整合其上下游企业多样的人才需求，形成一个定期动态更新的企业人才供给资源库。

益达教育提供的从仿真到全真再到双创的智慧供应链人才培养模式，真正契合时下企业对人才的需求要点，真正帮助院校培养出企业需要的人才、帮助学生就业创业。

三、以校园 C2B 商业生态圈为业态

校园C2B商业生态圈以学校为主要消费场景，以学生为商业活动的主要参与者和经营者，覆盖产业链上游、中游、下游、公共服务，实现商品从创意到生产，从结算到物流、分销/零售直至消费者手中的全过程。智慧供应链人才培养体系校园C2B商业生态圈资源构成如图4所示。

校园C2B商业生态圈各业务环节具体分解如下：

图 4 智慧供应链人才培养体系校园 C2B 商业生态圈资源构成示意

注：①B2C，企业到消费者的电子商务模式；②WSD，基于无线终端技术的仓库管理系统；③B2B2C，企业到企业到消费者的电子商务模式；④ERP，企业资源计划；⑤POS，Point of Sale，销售终端。

1. 上游环节

上游环节包括创意和生产。创意来源于学生的奇思妙想，通过自己的手工制作形成样品。生产环节可以归纳为三种类型，分别是学生创意作品的工程批量定制，由校企合作企业提供的知名商品，或者是对由学生地采的特色产品、特色服务进行二次包装。

2. 中游环节

中游环节包括结算与物流。结算不仅包括传统的财务、会计，也包括供应链金融。供应链金融是核心企业基于对其上下游企业业务信息的控制力，从而提供可以灵活运用的金融产品或服务的一种融资模式。物流环节包含运输、仓储、配送、报关、保税、货代、第三方、港口、机场、自贸等多种途径。

3. 下游环节

下游环节从方式上可划分为国内和国际两种，包括分销、零售与消费者。不论是分销还是零售，其参与主体大多指的是百货商场、购物中心、卖场、超市等，与上游厂商发生的交易即为分销，面对普通的消费者就是零售。在"互联网＋"时代，所有商品的售卖渠道不再只能单一地通过实体，还可通过线上的方式（涵盖 B2C、B2B、跨境等多种电商平台）。

校园 C2B 商业生态圈覆盖以上所有环节，从实现方式上来讲，指的并不是将所有的商业场景照搬校园。其中部分商业环节可以通过在学校内建设实践教学基地、搭建真实场景、导入真实业务来实现。对于那些不可照搬的，为保证产业链的完整性，其实现方式指的是整合社会资源，合作企业开放部分业务、对接到校园 C2B 商业生态圈中。

校园 C2B 商业生态圈受众群体覆盖了培养适合产业链上、中、下游人才的众多专业，包括工业设计、艺术设计、工业工程、智能制造、物流工程、物流管理、连锁经营、跨境电商、电子商务、移动商务、国际贸易、商务英语、工商管理、企业管理、市场营销、人力资源管理、财务管理、会计电算化、金融与证券等。对应不同环节，学校需要开设相应的课程、搭建相关的平台以支撑人才培养体系。

四、以校行企联动培养为模式

智慧供应链人才培养采用"校行企合作，全程嵌入"的联动模式，积极探索出专业建设、服务地方、科研/文化三个阶段的合作层次，使学生从课堂学习、企业见习、参与企业重大的文化活动到企业顶岗实习，始终处于学习环境与工作环境的循环交替中。既注重传统理论知识的传授又注重学生操作技能、职业能力的提升，提高了职业教育人才培养的质量，实现学校、学生、企业、社会共赢。校行企联动培养模式如图5所示。

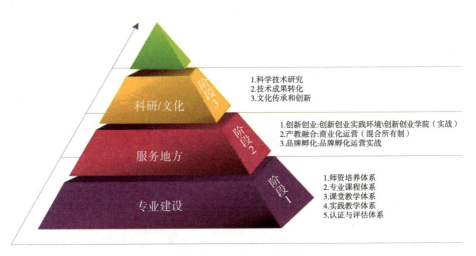

图5 校行企联动培养模式

第二章　智慧供应链人才培养方案规划

面向学生及社区，以怡亚通供应链高级经理人才水平评估体系为依据；以"实践教学基地＋数字化资源＋市场化运营环境"为载体；以"基于智慧课堂＋市场化环境实操相结合混合学习"为手段；以跨界、复合型、市场化能力为核心，构建现代服务业人才成长与终身学习的新型人才培养体系。

智慧供应链人才培养体系的核心是构建一个市场化的运营环境，其构成包括：一个可承接社会服务的实践基地、一套真实运营的全渠道营销平台、一支富有企业经营经验的运营团队、一个品牌孵化基金、一个人力资源交流中心、一套完整的商业生态圈教材。

第一节　理实一体化的课程体系

智慧供应链人才培养课程体系可以实现理论教学和实践教学融通合一，专业学习和工作实践学做合一，能力培养和工作岗位对接合一。课程体系对接产业链上、中、下游的各个环节如表 2 所示。平台支撑各种类型企业业务的真实运作。

表 2　　　　　　　　　　智慧供应链人才培养课程体系对接环节

产业链	业务环节	支撑平台
上游	创意	创客空间、创业通识……
	生产	企业资源计划（ERP）系统、物资需求计划（MRP）系统……
	结算	金融系统、财务系统、银行系统、理财系统……

续　表

产业链	业务环节	支撑平台
中游	物流	第三方物流系统、仓储系统、运输系统、货代系统、单证系统、报关报检系统……
	分销	B2B 分销系统、市场营销系统……
下游	零售	连锁系统、B2B2C 电商平台、微店平台、B2C 电商平台、C2B 电商平台、跨境电商平台……
	消费者	论坛、社区、微博……
政府/协会/第三方		工商企业管理系统、税务系统……

一、智慧供应链技术平台

智慧供应链人才培养产品体系用于支撑包括专业建设、双创实战、教研和科研在内的校园生态圈，涉及电商、连锁、外贸/跨境电商、物流、商务、营销、人力资源、财会、商业英语、工商/企管、工业/艺术设计等专业。

二、智慧供应链核心教材

益达（广州）教育科技有限公司与多个供应链企业合作，为促进智慧供应链人才实训实践及运营技能的培养，从理论、实训实践、运营、认证四个方面进行教材的编写与出版，为参与学习智慧供应链业务及流程的学生及老师提供了最基本的教材指导。

（一）智慧供应链理论探索与实践教材

智慧供应链理论探索与实践教材为《双三元职教模式理论探索与实践》，其借鉴德国"双元制"和英国"三明治"职业教育模式，全面探讨了职业教育发展理论。全书分两部分，第一部分介绍职业教育发展的"理论"，涉及开展职业教育模式研究的必要性、职业教育的发展任务等内容；第二部分通过介绍职业教育的"案例"，使读者深入理解"双三元"的职业教育理念。《双

三元职教模式理论探索与实践》中"双三元"人才培养生态及"双三元"模
式的实施路径如图6和图7所示。

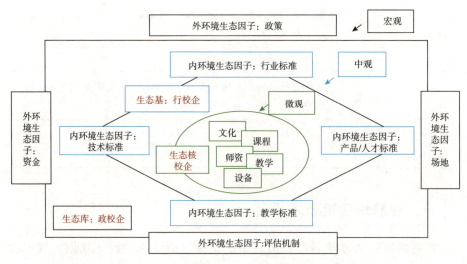

图6 "双三元"人才培养生态

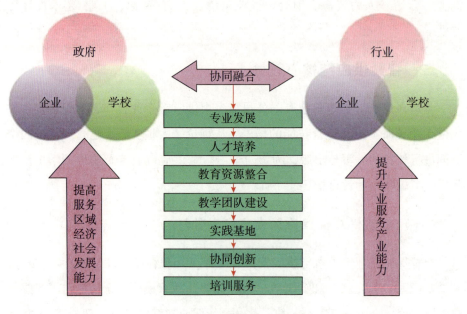

图7 "双三元"模式的实施路径

（二）智慧供应链创业实践实训教材

智慧供应链创业实践实训教材《创业实训》分为导师版和学员版，教材充分考虑到创业模拟实训中创业知识和创业实践的内在逻辑，重点突出初创企业和微小企业的建立和发展，内容分为认知创业、确立创业项目、组建创业团队、规划创业资金、撰写创业计划书、开办企业、初创企业市场营销、初创企业生产管理、初创企业财务管理、初创企业持续发展共十个单元。从全书结构来看，基本上展现出了创业实际过程和所需要完成的核心任务，既为学员学习创业知识提供了较好的工具，又为学员创业模拟体验营造了良好的环境，达到了理论和实践有机融合的效果，强调了可操作性和实用性。《创业实训》如图 8 所示。

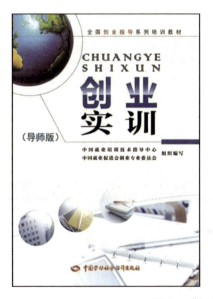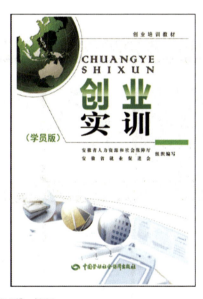

图 8 《创业实训》教材

（三）智慧供应链系列教材

"智慧供应链系列教材"由益达（广州）教育科技有限公司组织开发，与中国 500 强企业——深圳市怡亚通供应链股份有限公司以及我国部分职业技术院校、技工院校中从事就业指导理论研究和实际工作并担任相关课程教学任务的骨干教师一起编写（见图9）。"智慧供应链系列教材"是一套专业且全面的智慧供应链人才培养教育用书，其编写以全球供应链500强企业的运营模式、案例、数据为依托，以转变教育思想、更新教育观念为基础，以提升学生的创新精神、创业意识和创业能力为核心，用通俗的语言、丰富的实例、有效的训练，系统地介绍创新创业的基本思维方式、相关技能、方式方法等。

主要包括O2O超市运营、国内电商、跨境电商等新零售领域，以及创新与创新能力、创新方法及技巧、物流与供应链运营等内容，帮助学生解决在择业过程中遇到的种种专业问题，更好地引导大学生规划职业生涯，提升职业素养，掌握求职的基本技能，完成由校园人到社会人的转变。

图9 "智慧供应链系列教材"示意

（四）国际贸易中心（ITC）供应链管理国际资格认证与考证教材

基于对智慧供应链创新创业业务的培训与认证，益达（广州）教育科技有限公司和中国物流与采购联合会紧密合作，为合格完成智慧供应实训实践课程的学员提供 ITC 国内注册采购师职业认证与考证教材，其也可在后期参加认证考试。

"供应链管理国际资格认证"是 ITC 为发展中国家、经济转型国家量身定制的采购和供应链管理标准知识体系，是 ITC 针对发展中国家、经济转型国家人力资源开发和培养援助项目之一。ITC 全部教材已有 19 个模块。目前，该认证已经在全球数十个国家推广，受到业界的普遍认可和推崇，已成为这些国家物流界评定从业人员水平的一个重要参考依据。

为填补我国专业采购人才培养的空白，使我国采购职业资格认证与国际认证有机结合，并鉴于 ITC 整套教材的权威性、系统性和实用性，中国物流与采购联合会决定同时将其作为国内注册采购师的主要培训认证教材，ITC 认证和采购师认证于 2004 年起在国内共同开展。

ITC 供应链管理的一整套培训材料涵盖了供应链管理的各个环节，并且不断更新完善。ITC 供应链管理国际资格认证（MLS - SCM）培训知识结构如图 10 所示。

三、智慧供应链教学计划

智慧供应链教学规划依托校园 C2B 商业生态圈和上、中、下游企业真实应用平台，展开智慧供应链人才培养教学活动，着重培养学生供应链及创新思维，提高学生创新创业的基本素质和技能。结合企业真实应用平台，让学生体验"仿真—全真—双创"的实训教学、实践运营创新创业项目、产生创新创业项目成果。

ITC供应链管理国际资格认证(MLS-SCM)培训知识结构表	
覆盖企业范围	**认证考核模块**
• 公共采购 • 中小企业供应链管理 • 各产业物流管理	① 如何认清组织环境　　　　⑪ 如何进行库存管理 ② 如何明确需求与规划供应　⑫ 如何进行绩效考评 ③ 如何进行供应市场分析　　⑬ 如何进行环保采购 ④ 如何制定供应战略　　　　⑭ 如何进行集合采购 ⑤ 如何评估与初选供应商　　⑮ 如何进行电子采购 ⑥ 如何获取与选择报价　　　⑯ 如何管理客户关系 ⑦ 如何进行商务谈判　　　　⑰ 如何进行运营管理 ⑧ 如何准备合同　　　　　　⑱ 如何进行供应链财务管理 ⑨ 如何管理合同与供应商关系　⑲ 如何进行供应链中的包装 ⑩ 如何进行供应链中的物流管理　⑳ 如何进行供应链中的质量管理

图 10　ITC 供应链管理国际资格认证（MLS – SCM）培训知识结构

（一）课程计划

智慧供应链教学课程计划如表 3 所示。

表 3　　　　　　　　　智慧供应链教学课程计划

序	课程类别	教学计划	课时	备注
1	智慧供应链理论课程	智慧供应链理论探索与实践	40	—
	小计		40	—
2	创业通识课程	全球供应链认知	6	—
3		创业实训	18	—
	小计		24	—
4	跨专业仿真实训课程	第三方物流仿真实训	12	—
5		生产物流仿真实训	12	—
6		仓储配送仿真实训	12	—
7		运输仿真实训	12	—
8		电子商务仿真实训	12	—
9		连锁经营仿真实训	12	—

续　表

序	课程类别	教学计划	课时	备注
10	跨专业仿真实训课程	国际贸易仿真实训	12	—
11		集装箱码头仿真实训	12	—
12		国际货代仿真实训	12	—
13		市场营销仿真实训	12	—
14		工商行政仿真实训	12	—
15		税务仿真实训	12	—
16		银行仿真实训	12	—
小计			156	
17	供应链运营与双创实战课程	O2O 超市运营实务	—	—
(1)		校园 O2O 超市运营实务	36	—
(2)		新零售智慧店铺运营实务	36	—
(3)		EA 星链微店运营实务	30	—
18		O2O 电商运营实务	—	—
(1)		B2B 分销运营实务	60	—
(2)		B2C/O2O 电商运营实务	60	—
(3)		C2B/O2O 电商运营实务	60	—
19		O2O 跨境电商运营实务	60	—
20		全球供应链运营实务	120	—
21		生产动作实务	30	—
22		供应链物流运营实务	90	—
23		供应链管理（SCM）金融管理实务	40	—
小计			622	
24	ITC 供应链管理国际资格认证课程	供应链管理国际资格认证教材	60	

（二）课程内容

智慧供应链教学课程内容如表 4 所示。

表4　　智慧供应链教学课程内容

序	教学计划	课时	配套载体	课程内容
一、智慧供应链理论课程				
1	智慧供应链理论探索与实践	40	"双三元"职教模式理论探索与实践教材、智慧供应链教学中心、PPT（演示文稿）课程、案例、视频	(1) "双三元"理论概述 ① "双三元"职教模式的启示 ② "双三元"职教模式的设计 ③ "双三元"职教模式相关理论依据 ④ "双三元"职教模式的价值论 ⑤ "双三元"职业核心能力的人才培养目标论 ⑥ "双三元"职教模式协同创新的专业建设论 ⑦ "双三元"职教模式多元结构构资师资队伍建设论 ⑧ "双三元"职教模式信息技术平台论 ⑨ "双三元"职教模式创新创业教育实践论 ⑩ "双三元"职教模式的探索与实践成果 (2) "双三元"成功案例 ①工业与艺术设计学院"工作室制""教学企业"案例 ②旅游管理学院"服务学习，实践育人"案例 ③电子信息工程技术专业"行校企"三元共建案例 ④机电工程学院"三岗递进育人"案例 ⑤机电工程学院粤德合作"工业机械工"专业建设案例

续　表

序	教学计划	课时	配套载体	课程内容
				⑥人文与社会管理学院 "社会工作专业建设" 实践案例
				⑦珠光汽车有限公司 "现代学徒制" 案例
				⑧ "政校企" 推动人大立法，建立校企合作长效机制" 案例
				⑨ "金湾电子商务产业联盟" 案例
				⑩ "行校企" 全球供应链怡亚通益达众创学院" 案例
二、创业通识				
2	全球供应链认知	6	全球供应链认知教材，PPT 课程，案例，视频，全球供应链文化博览中心	(1) 怡亚通 "全球供应链商业生态圈"
				①怡亚通供应链企业文化
				②怡亚通供应链服务
				③怡亚通企业组织架构介绍
				(2) 怡亚通 "380 分销" 简介
3	创业实训	18	创业实训教材，PPT 课程，案例，视频，创业通识平台 App（手机软件），创客空间与创意工作室实体	①认知创业
				②确立创业项目
				③组建创业团队
				④规划创业资金
				⑤撰写创业计划书
				⑥开办企业
				⑦初创企业市场营销

序	教学计划	课时	配套载体	课程内容
	小计	24		⑧初创企业生产管理 ⑨初创企业财务管理 ⑩初创企业的持续发展
三、跨专业仿真实训				
4	第三方物流仿真实训	12	第三方物流仿真实训指导书、第三方物流仿真实训平台	第三方物流前台管理、入库管理、出库管理、条码管理、综合案例
5	生产物流仿真实训	12	生产物流仿真实训指导书、生产物流仿真实训平台	蓝岳集团的销售、华奥集团的销售、原材料采购、领用原材料及生产、蓝岳集团的生产及销售、晋丰公司的生产及销售、华奥集团的生产及销售
6	仓储配送仿真实训	12	仓储配送仿真实训指导书、仓储配送仿真实训平台	合同业务、客户管理、入库作业、入库作业—托盘货架、入库作业—电子标签、入库作业—轻型货架、入库作业—自动化立体仓库、入库作业—阁楼货架、入库作业—商品入库、盘点、库存调拨、条码管理、出库配送—电子标签、出库配送—自动化立体仓库、综合案例
7	运输仿真实训	12	运输仿真实训指导书、运输仿真实训平台	零担运输、干路运输、铁路运输、水路运输、航空快递、同城配送、兑货、综合运输案例

续　表

序	教学计划	课时	配套载体	课程内容
8	电子商务仿真实训	12	电子商务仿真实训指导书、电子商务仿真实训平台	B2C 正常消费流程、B2C 正常采购流程、B2C 预警采购流程、B2C 缺货采购流程、B2B 正常采购流程、B2B 缺货购买流程、C2C（消费者到消费者）一口价流程、C2C 拍卖流程
9	连锁经营仿真实训	12	连锁经营仿真实训指导书、连锁经营仿真实训平台	员工入职培训、门店经营（零售购物收银、批发购物、退货、办理会员卡、门店店长作业）、连锁企业经营（调拨、采购、配送）、企业经营实战演示
10	国际贸易仿真实训	12	国际贸易仿真实训指导书、国际贸易仿真实训平台	成本加运费（CFR）信用证业务（还盘、接收、签订贸易合同及生产入库、催证和单证的申请审批和签发、出口商一船运公司一租船订舱、出口报关与投保、缮制单据与进口报关、收汇核销、退税）、CIP①托收业务
11	集装箱码头仿真实训	12	集装箱码头仿真实训指导书、集装箱码头仿真实训平台	集装箱进口流程（发送船公司资料给码头、船舶预报、船舶确报、导入电子数据交换（EDI）进口清单、制订离港靠泊计划、船舶到港靠车辆、舱单确认、做堆场计划、分配吊桥及车辆、装卸队作业、船舶离港箸报、进口集装箱办理、进口集装箱提柜、龙门吊司机装车、外拖车司机提车、集装箱出口流程

① CIP，Carriage and Insurance Paid to，运费和保险费付至指定目的地，国际贸易术语。

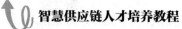
续 表

序	教学计划	课时	配套载体	课程内容
12	国际货代仿真实训	12	国际货代仿真实训指导书、国际货代仿真实训平台	拟定销售合同书、填制海运出口托运单、填制保险单、报关单证的填制、缮制产地证、制单综合练习、加工贸易合同备案、进口报关、出口报关、进口报检、海运出口业务、海运进口业务
13	市场营销仿真实训	12	市场营销仿真实训指导书、市场营销仿真实训平台	案例分析系列实验、案例分析策划实战、厂商模式下的营销实验、经销商模式下的营销实战
14	工商行政仿真实训	12	工商行政仿真实训指导书、工商行政仿真实训平台	有限责任公司企业名称预先核准、外商投资企业以及港澳台企业名称预先核准、有限责任公司设立登记、股份有限公司设立登记、国有独资有限责任公司设立登记、分公司设立登记、企业集团设立登记等
15	税务仿真实训	12	税务仿真实训指导书、税务仿真实训平台	个人所得税申报、企业缴纳个人所得税业务办理、企业年度所得税、车船税、教育税、增值税、印花税、城建税、消费税、企业所得税月（季）度预缴
16	银行仿真实训	12	银行仿真实训指导书、银行仿真实训平台	对私业务处理、储蓄日常处理、银行对公业务、个人贷款业务
	小计	156	—	—

续　表

序	教学计划	课时	配套载体	课程内容
（四）	供应链运营与双创实战			
（一）	O2O超市运营实务			
17（1）	校园O2O超市运营实务	36	O2O超市运营教程——超市运营部分、超市运营企业资源库，POS收银系统、大型商业分销管理系统、实体超市、社区超市	超市运营概述及定位、超市店铺设计、商品管理、促销管理、采购管理、物流管理、安全管理、经营成本控制、后勤管理、网络销售、大型商业分销系统、POS收银管理系统
17（2）	新零售智慧店铺运营实务	36	O2O超市运营教程——新零售智慧店铺运营部分、新零售智慧店铺企业资源库、智慧店铺系统	开通指引、收银台收款、营业分析、收银对账、卡券管理、会员管理、派券中心、智能客户关系管理（CRM）、微信商城、外卖管理、团购管理、智能小二、拉客营销、微页营销、游戏营销、行业应用、商家中心、地推高手、智慧餐厅、运营策划
17（3）	EA星链微店运营实务	30	O2O超市运营教程——EA星链微店运营部分、名企案例、"EA星盟通"、B2C移动端平台、C2B移动端平台、社区实体店	①星链云店运营：手机下载流程、手机注册流程、店铺管理—申请、商品管理—后台自营、商品管理—平台分销、收入管理、提现流程、更多星链云店板块功能②星链生活：手机注册会员、首页界面展示

续 表

序	教学计划	课时	配套载体	课程内容
(二)	O2O电商运营实务			
18 (1)	B2B分销运营实务	60	O2O电商运营教程—B2B分销运营部分、深度供应链企业资源库、B2B分销平台	①B2B分销平台认知 ②B2B分销平台的业务模式 ③B2B分销平台采购管理 ④B2B分销平台店铺销售技巧 ⑤B2B分销平台操作
18 (2)	B2C/O2O电商运营实务	60	O2O电商运营教程—B2C/O2O电商运营部分、B2C/O2O电商运营企业资源库、B2C创意商城平台、超市实体、链微店App	开店准备、店铺开设与维护、店铺推广与营销、B2C商城在线交易、店铺运营管理、B2C商城平台交易磋商、店铺交易数据分析、微店维护与管理
18 (3)	C2B/O2O电商运营实务	60	O2O电商运营教程—C2B/O2O电商运营部分、B2C/O2O电商运营企业资源库、B2C创意商城平台、超市实体、链微店App	①分销商运营：分销商注册及子站申请、分销商店铺管理、分销商品管理、分销商店铺推广设置、分销商品采购、分销商平台在线交易、交易磋商、在线运营数据分析 ②主站运营：主店开设准备与营销、平台在线交易、平台招商、平台商品管理、平台运营平台维护管理与营销、平台招商、平台运营平台维护管理、平台在线交易、平台交易磋商、平台交易财务管理、平台交易中心管理、供应商平台中心管理

续　表

序	教学计划	课时	配套载体	课程内容
（三）	O2O跨境电商运营实务	60	跨境电商创业经营实战教材、名企案例、C2B国际电商平台+App、社区实体店、超市实体店	跨境电子商务认知、跨境电子商务平台运营与管理、跨境电子商务货源组织、跨境电子商务支付与结汇、跨境电子商务物流与保险
（四）	全球供应链运营实务	120	全球供应链运营教材、名企案例、SCM平台、供应链企业实体、精益生产推演中心、精益生产工厂实体、第三方物流系统、智慧物流管理总部实体、自贸仓库实体、智慧物流中心实体、校园配送中心与快递收发点实体	1. 全球供应链概论 （1）知识目标： ①理解供应链和全球供应链的概念 ②了解供应链的结构的类型 ③掌握供应链的类型 ④了解怡亚通全球供应链业务模式 （2）技能目标： ①能够明确供应链管理产生的原因 ②能区分不同供应链的类型 ③能识别不同的供应链业务模式 ④能分析不同企业的供应链结构 2. 广度供应链运营 （1）知识目标： ①了解广度供应链集群 ②理解分销执行与销售的区别 ③理解采购执行、分销执行与销售的区别 ④掌握采购执行、分销执行的业务模式及特点 ⑤掌握供应商库存管理（VMI）和准时制生产（JIT）服务相关概念 ⑥了解采购执行、分销执行的风险及防范措施

31

续表

序	教学计划	课时	配套载体	课程内容
				（2）技能目标： ①能够明确广度供应链集群的业务范围 ②了解采购执行、分销执行产生的背景 ③能够结合案例说明采购执行、分销执行对的业务模式 ④掌握广度集群业务中 VMI 和 JIT 服务的作用 ⑤能够说明采购执行、分销执行对供应链上各角色带来的增值价值 3. 深度 "380 分销" 运营 （1）知识目标： ①了解 B2B 分销平台的由来和功能 ②掌握 B2B 分销平台 PC 端、手机客户端、手机业务端的店铺运营方式 ③熟悉 B2B 分销平台业务模式 ④了解 B2B 分销平台店铺的销售技巧 ⑤熟悉 B2B 分销平台品牌的供应链环节 （2）技能目标： ①开展 B2B 分销平台 PC 端、手机客户端、手机业务端的店铺运营 ②灵活运用 B2B 分销平台品牌业务模式 ③掌握 B2B 分销平台品牌业务的供应链环节

续　表

序	教学计划	课时	配套载体	课程内容
				4. 全球采购运营 （1）知识目标： ①了解全球采购概念及主要特征 ②了解全球采购的模式 ③了解全球采购的组织架构及岗位职责 ④了解全球采购的基本流程 ⑤了解产品整合内涵 ⑥了解产品整合流程 ⑦了解全球采购与产品整合业务流程 （2）技能目标： ①认知全球采购 ②认知采购岗位 ③认知全球采购岗位能力要求 ④认知产品整合流程 ⑤认知全球采购与产品整合业务运作 5. 供应链金融运营 （1）知识目标： ①了解供应链金融集群 ②理解供应链金融、传统金融模式的区别 ③掌握供应链金融业务的分类 ④掌握供应链金融的业务模式及特点 ⑤了解供应链金融的风险及防范措施

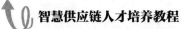

续 表

序	教学计划	课时	配套载体	课程内容
				（2）技能目标： ①能够明确供应链金融的业务范围 ②了解供应链金融产生的背景 ③能够结合案例说明供应链金融的业务模式 ④能够说明供应链金融对供应链上各角色带来的增值价值 6. 创新集群与综合运营 （1）知识目标： ①了解供应链创新集群 ②理解商业模式创新的概念 ③了解商业模式创新的特点和维度 ④掌握商业模式创新的方法 ⑤了解恰亚通商业模式创新 （2）技能目标： ①能够分析不同的商业模式创新使用方法 ②能够设计客户需求分析方案 ③能够结合客户需求，制订供应链服务方案 ④能够与客户达成合作协议

序	教学计划	课时	配套载体	课程内容
（五）	生产运作实务	30	生产运作实务、名企案例、供应链管理系统、精益生产工厂实体	中国制造业发展现状及信息化，精益生产方式，整体结构，精益生产，精益生产计划和控制，基于信息化的信息化体系，管理的信息化，基于信息化的精益管理，基于信息化的精益设备管理，基于信息化的精益质量管理，基于信息化的生产效率的提高，基于信息化设备自主维护保养方法，基于信息化设备自主维护保养步骤，基于信息化的精益生产系统实践，精益文化建设
（六）	供应链物流运营实务	90	供应链物流运营实务、名企案例、第三方物流系统、智慧物流管理总部实体、自贸仓库实体、智慧物流中心实体、O2O校园配送中心与快递收发点实体	（1）物流管理运营部分： ①物流企业运营管理基础：物流企业概述；物流企业运营管理基础；物流企业运营服务与物流服务 ②物流企业经营管理：物流市场分析；物流市场管理；物流企业客户管理；物流企业战略管理 ③物流企业内部运营管理：物流企业作业管理；物流企业设施与设备管理；物流企业设施设备的资源管理；物流企业质量管理；物流企业人力资源管理；物流企业的风险防控管理；物流企业成本运营管理；物流企业绩效管理

续 表

序	教学计划	课时	配套载体	课程内容
				④物流企业高级运营管理：物流企业项目管理、物流企业信息管理 （2）自贸仓库部分： 自贸物流概述、自贸商品管理、自贸与货代、自贸与仓储、自贸通关实务 （3）智慧物流部分： 电子商务概述、智慧物流概述、智慧物流标准化、智慧物流识别与感知技术、智慧物流的定位跟踪技术、智慧物流中的网络与通信、智慧物流中的新技术、智慧物流安全技术 （4）O2O校园配送与快递收发部分： ①O2O物流理论概述：认识O2O电子商务、O2O电子商务、体验网上购物、O2O电子商务与物流的关系、O2O电子商务物流的新发展 ②O2O电商线上物流：O2O电商环境下的物流、O2O电商系统、O2O电商城物流模式选择、O2O电商城下的商品采购与管理、O2O电商城物流配送、O2O电商城物流应用实务 ③O2O电商线下物流：O2O电商线下超市网上采购管理、O2O电商线下超市采购业务管理、O2O电商线下超市入库验收管理、O2O电商线下超市存盘点管理、O2O电商线下超市配送作业管理、O2O电商线下超市物流运输管理

续 表

序	教学计划	课时	配套载体	课程内容
（七）	SCM 金融管理实务	40	SCM 金融管理运营教材、名企案例、宇商金融平台、供应链金融服务中心实体	（1）新经济环境下的供应链金融及其特征 （2）供应链管理再解读 （3）供应链金融再思考 （4）供应链金融交易单元与形态 应收账款融资、库存融资、预付款融资、战略关系融资 （5）生产运营领域的供应链金融创新 生产性服务业的概念及趋势、生产运营领域服务化战略与供应链金融类型化、流程化产业金融服务模式、定向产业金融服务模式 （6）贸易流通领域的供应链金融创新 （7）物流领域的供应链金融创新 （8）商业银行的供应链金融管理 商业银行的主营业务、商业银行视角下的供应链金融、商业银行供应链金融类型化、商业银行主导的信息供应链金融、商业银行主导的跨国供应链金融、商业银行主导的整合供应链金融 （9）电子商务与价值网络供应链 （10）供应链管理风险管控与供应链金融风险管控

续　表

序	教学计划	课时	配套载体	课程内容
	小计	502		
	ITC供应链管理国际资格认证课程	60	ITC供应链管理国际资格认证与考证平台	①如何认清组织环境；②如何明确需求与规划供应；③如何进行市场分析；④如何制定供应战略；⑤如何评估与初选供应商；⑥如何获取与选择报价；⑦如何进行商务谈判；⑧如何准备合同；⑨如何管理合同与供应商关系；⑩如何进行供应链中的物流管理；⑪如何进行库存管理；⑫如何进行绩效考评；⑬如何进行环保采购；⑭如何进行集中采购；⑮如何进行电子采购；⑯如何管理客户关系；⑰如何进行运营管理；⑱如何进行供应链财务管理；⑲如何进行供应链中的包装；⑳如何进行供应链中的质量管理
	小计	60		

第二节　随时随地共享的云资源

　　教学资源平台是基于当前学生的学习、阅读及思维习惯，如手机、平板电脑在内的移动端学习习惯将逐步变得普及，因此有必要把部分教学资源进行碎片化，同时利用互联网技术把阅读轨迹、阅读习惯等形成大数据，尝试对学生学习过程及效果进行评价。

一、云教学资源

　　采用多种手段进行辅助教学，对教学过程进行管理，形式包括视频、3D（三维）、PPT（演示文稿）、Flash（固态存储器与动态编辑器）、案例等。根据现在学生的学习特点，把部分教学资源进行碎片化，优化原有课程设计、资源形式，甚至课程调整、专业调整等，最终形成良性循环。云平台教学资源如图 11 所示。

图 11　云平台教学资源示意

二、云教学平台

云教学平台面向教师和学生提供包括 PC（个人计算机）端、App 端在内的多种手段进行辅助教学。同时，面向教务处对教学过程进行管理，包括跟踪学生学习行为等，未来云教学平台将成为服务于社会的学习资源共享平台。云教学平台首页如图 12 所示。

图 12　云教学平台首页示意

利用云平台，同时导入第三方评估，把学生的学习过程，包括课堂、作业、考试、毕业设计等在内全部量化，并赋予学分，作为学生毕业的基础数据，建立基于互联网的教育考试评价制度。未来的评价不是为了鉴别，而是为了改进。在学习的早期过程，可以利用大数据的概念，自动记录学生的学习过程，作为评价的依据。在记录过程的同时，要发现某个学生的知识点缺陷，及时帮其改进。云教学平台学分及评价页面如图 13 所示。

第三节　"双师双能"型的师资队伍

"双师双能"型师资队伍是企业工作者与教育工作者的结合体，是技

图13 云教学平台学分及评价页面示意

术技能能手与教育教学能手的结合体，具备较高的教育教学能力、专业发展能力和企业工作实践能力，能够承担智慧供应链课程体系的开发与实施工作。

一、智慧供应链课程开发能力培训

学习和领悟智慧供应链课程体系构建与实施理念，是学校教师参与此项工作的前提和基础，对智慧供应链的理解是否正确，将直接影响教师在课程开发与教学实践中教学输出质量的好与坏。

教师需要结合智慧供应链人才培养目标确定课程标准与学习任务，具体内容包括智慧供应链课程标准的组成、学习任务设计的思路、教学计划编制的要求、智慧供应链课程教学方案的构成等。对参与课程开发的教师，学校可以通过组织集体研讨活动、到相关类型企业顶岗实习等方式进行培训。

二、智慧供应链课程实施能力培训

智慧供应链课程实施能力培训需要从教学设计文本编写方法、企业生产实践、专业技术能力提高、行动导向先进教学模式等方面开展。

教学设计文本主要包括授课进度计划、教案、考核方案等用于指引教学实施工作的计划性材料。教学设计文本必须根据智慧供应链课程标准与学习任务设计方案，以及教学活动策划方案进行编写，结合不同学习任务的特征、教学实施的现有配套设施条件、学期实践分配、学生基本情况等因素而设计。教学设计文本编写方法方面的内容培训，主要途径可以包括课程实施教师组织集体研讨活动、集体备课、相互交流、开展教学设计与说课比赛等。

同时教师依托企业生产（服务）实践经验的积累，参与完成企业工作任务，灵活运用专业技术知识、技能和方法，分析解决实际工作问题，是教师教授智慧供应链课程的重要基础。

智慧供应链课程的实施强调以学生为主体、教师为主导的学习与工作过程，强调学生不断形成学业成果以验证学习效果。因此，传统的灌输式授课方式显然不能适应新课程实施的要求，必然需要教师掌握和运用新的教学方案，利用新的教学手段组织新型的教学模式，才能顺利开展新课程的实施。其中，普遍提倡的行动导向教学就是一类典型代表，具体的教学方法包括四阶段教学法、头脑风暴法、思维导图法、项目教学法、引导课程教学法、角色扮演法、工作岗位培训法等。

三、智慧供应链企业师资入校

"双师双能"型师资队伍应该由学校教师与企业技术人员共同组成，采取"走出去、引进来"的策略，一方面把校内的教师选派到企业参加生产实践，积累企业经验；另一方面从企业一线引进技术技能能手，对他们进行基本教学能力的培训。

第四节　覆盖全产业链的实践教学基地

实践教学基地以怡亚通 O2O 商业生态圈为基础，构建基于仿真 + 全真 +

企业真实运营的智慧供应链实践教学环境，具体包括模拟仿真实训平台、精益生产与采购运营中心、智慧物流中心、新零售营销与体验中心、商业运营中心等模块，总体涵盖供应链管理、跨境电商、互联网金融、O2O 终端、物流、采购等领域。

智慧供应链实践基地以现代学徒制的模式进行运营，学生在教师的指导下通过实训与实践两种模式进行项目经营活动，学习并掌握运营模式与业务技巧，从而成为全面且综合性的智慧供应链人才。校园商业生态圈运营模式如图 14 所示。

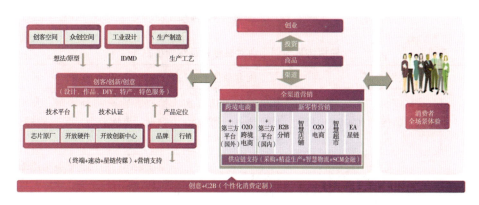

图 14　校园商业生态圈运营模式

注：ID/MD，工业设计与结构设计。

一、模拟仿真实训平台建设

数字化模拟仿真实训平台建设的重点是以 3D 企业模拟仿真系统为教学手段，以企业真实业务为中心架构，使多个类型企业与配套的数字资源平台相结合进行综合实训。具体业务包括制造企业工厂业务、第三方物流企业（配送中心）业务、国际贸易企业业务、电子商务公司业务、连锁运营企业业务、市场营销企业业务、报关报检企业业务、船公司业务、集装箱码头企业业务、公共服务机构（工商、税务、质监局）业务等，覆盖了现代全球供应链流通服务业的整个过程。实训基地 3D 地图如图 15 所示。模拟仿真实训平台对接课程及实训项目如表 5 所示。

图 15　实训基地 3D 地图

表 5　　　　　　　　　模拟仿真实训平台对接课程及实训项目

序	教学计划	课时	配套载体	课程内容
1	第三方物流仿真实训	12	第三方物流仿真实训指导书、第三方物流仿真实训平台	第三方物流前台管理、入库管理、出库管理、条码管理、综合案例
2	生产物流仿真实训	12	生产物流仿真实训指导书、生产物流仿真实训平台	蓝岳集团的销售、华奥集团的销售、原材料采购、领用原材料及生产、蓝岳集团的生产及销售、晋丰公司的生产及销售、华奥集团的生产及销售
3	仓储配送仿真实训	12	仓储配送仿真实训指导书、仓储配送仿真实训平台	合同业务、客户管理、入库作业—托盘货架、入库作业—电子标签、入库作业—轻型货架、入库作业—自动化立体仓库、入库作业—阁楼货架、入库作业—商品入库、盘点、库存调拨、条码管理、出库配送—电子标签、出库配送—自动化立体仓库、综合案例
4	运输仿真实训	12	运输仿真实训指导书、运输仿真实训平台	零担运输、干路运输、铁路运输、水路运输、航空快递、同城配送、兑货、综合运输案例

续　表

序	教学计划	课时	配套载体	课程内容
5	电子商务仿真实训	12	电子商务仿真实训指导书、电子商务仿真实训平台	B2C 正常消费流程、B2C 正常采购流程、B2C 预警采购流程、B2C 缺货购买流程、B2B 正常采购流程、B2B 缺货购买流程、C2C 一口价流程、C2C 拍卖流程
6	连锁经营仿真实训	12	连锁经营仿真实训指导书、连锁经营仿真实训平台	员工入职培训、门店经营（零售购物收银、批发购物、退货、办理会员卡、门店店长作业）、连锁企业经营（调拨、采购、配送）、企业经营实战演示
7	国际贸易仿真实训	12	国际贸易仿真实训指导书、国际贸易仿真实训平台	CFR 信用证业务（还盘、接收、签订贸易合同及生产入库、催证和单证的申请审批和签发、出口商—船运公司—租船订舱、出口报关与投保、缮制单据与进口报关、收汇核销、退税）、CIP 托收业务
8	集装箱码头仿真实训	12	集装箱码头仿真实训指导书、集装箱码头仿真实训平台	集装箱进口流程（发送船公司资料给码头、船舶预报、船舶确报、导入电子数据交换（EDI）进口清单、制订离泊靠泊计划、船舶到港警报、舱单确认、做堆场计划、分配吊桥及车辆、装卸队作业、船舶离港警报、进口集装箱办理（整箱货）、进口集装箱办理（散货）、外拖车司机提柜、龙门吊司机装车）、集装箱出口流程

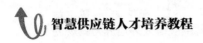

续　表

序	教学计划	课时	配套载体	课程内容
9	国际货代仿真实训	12	国际货代仿真实训指导书、国际货代仿真实训平台	拟定销售合同书、海运出口托运单的缮制、填制保险单、报关单证的填制、缮制产地证、制单综合练习、加工贸易合同备案、进口报关、出口报关、出口报检、进口报检、海运出口业务、海运进口业务
10	市场营销仿真实训	12	市场营销仿真实训指导书、市场营销仿真实训平台	案例分析系列实验、案例分析策划系列实验、厂商模式下的营销实战、经销商模式下的营销实战
11	工商行政仿真实训	12	工商行政仿真实训指导书、工商行政仿真实训平台	有限责任公司企业名称预先核准、外商投资企业以及港澳台商企业名称预先核准、有限责任公司设立登记、股份有限公司设立登记、国有独资有限责任公司设立登记、分公司设立登记、企业集团设立登记等
12	税务仿真实训	12	税务仿真实训指导书、税务仿真实训平台	个人所得税申报、企业缴纳个人所得税业务办理、企业年度所得税、车船税、教育税、增值税、印花税、城建税、消费税、企业所得税月（季）度预缴
13	银行仿真实训	12	银行仿真实训指导书、银行仿真实训平台	对私业务处理、储蓄日常处理、银行对公业务、个人贷款业务
	小　计	156		

二、企业运营实战平台建设

企业运营实战平台业务覆盖完整的产业链，包括上游的精益生产与采购运营中心（分为精益生产推演中心、精益生产工厂、远程工厂）、中游的智慧物流中心（分为智慧物流管理公司总部、自贸仓库区、智能物流中心、校园配送中心与快递收发点）、下游的新零售营销与体验中心（分为智慧供应链文化博览中心、创客空间与创意工作室、供应链管理（SCM）金融服务中心、O2O校园超市、O2O服装超市、O2O电商体验店、O2O跨境电商体验店、网购自提区、EA星盟通运营区、第三方电商平台运营区、生活服务区、新零售平台教学区），以及整个智慧供应链实践基地的商业运营中心。

（一）精益生产与采购运营中心

1. 精益生产推演中心

精益生产推演中心实现对全球供应链过程进行模拟仿真教学与数据分析实践，为学生自主创业打下坚实的基础。中心硬件设备和应用软件能够充分满足生产资源计划（ERP）应用方向课程的实践教学环节的需求，同时在完成现有实训项目任务的基础上，还可以继续扩充实训项目和进行ERP应用工程师的认证培训，提高学生的实际动手能力和实践水平，重点培养学生ERP操作、管理、实施、规划等方面的能力，逐步掌握ERP原理、ERP系统结构、ERP实施，进而满足学生应对实际工作的能力。精益生产推演中心教学场景示意如图16所示。精准生产推演中心对接课程及实训项目如表6所示。

2. 精益生产工厂

精益生产工厂为校园C2B商业生态圈运营流程中的第二个环节。当创意或者消费者需求确定后，来到精益生产工厂，进行批量生产或者单一定制生产。

图16 精益生产推演中心教学场景示意

表6		精益生产推演中心对接课程及实训项目	
教学计划	学时	配套载体	课程内容
精益生产经营沙盘推演实务	48	精益生产推演中心、精益生产经营沙盘及系统	学习模拟经营企业、制订企业发展规划与年度计划、编制年度预算、制定并实施营销决策、争夺销售订单、制定并实施筹资投资决策、制定并实施采购决策、制定并实施生产决策、销售与出库业务、组织会计核算、期末业务处理与下期准备、制订企业发展规划与目标、制订并实施企业营销方案、制订企业年度经营计划、编制企业年度预算、产品订货会、制定企业信息化实施方案、企业管理信息系统初始化、制订并实施企业筹资与投资方案、制订并实施企业生产方案、制订企业存货方案、制订并实施企业采购方案、产品成本项目与产品成本计算、销售与出库业务、期间费用业务、组织手工会计核算、财务管理系统业务处理、供应链系统业务处理、生产制造系统业务处理、企业管理信息系统期末处理、企业信息化工作总结、年度经营计划和预算执行情况分析与总结、企业行为模拟经营总结

　　精益生产与采购运营是对消费者需求订单进行审核，通过审核后，由计划部门进行物资需求计划（MRP）运算，确定需补充的物料及数量，然后发至采购部，拟订采购计划并进行任务分工。针对不同类型原材料和零配件选派不同

的采购人员，各采购人员经询价和议价后选择几个供应商，填写比价单后送予审批部门进行审批，审批通过后对供货商下订单，待原材料采购、检验合格入库后，采用精益生产模式为消费者进行生产。精益生产通过不断地降低成本、提高质量、增强生产灵活性、实现无废品和零库存等手段确保企业在市场竞争中的优势，同时精益生产把责任下放到组织结构的各个层级，采用小组工作法，充分调动全体职工的积极性和聪明才智，把每一个岗位和环节产生的缺陷和浪费及时地消灭。精益生产工厂教学场景示意如图 17 所示。

图 17　精益生产工厂教学场景示意

精益生产工厂对接课程及实训项目如表 7 所示。

表 7　　　　　　　　精益生产工厂对接课程及实训项目

教学计划	学时	配套载体	课程内容
生产运作实务	30	生产运作实务、名企案例、供应链管理系统、精益生产工厂实体	中国制造业发展现状及信息化、精益生产方式整体结构、精益生产工具与信息化、精益生产管理的信息化体系、基于信息化的精益生产计划和控制、基于信息化的精益质量管理、基于信息化的精益设备管理、基于信息化的精益生产绩效管理、基于信息化的提高设备效率的方法、基于信息化的生产设备自主维护保养的推行、基十信息化的生产设备自主维护保养步骤、基于信息化的精益生产系统实践、精益文化建设

3. 远程工厂

远程工厂的目标是建立互联网时代的大规模的信息、思想共享平台和专业化的远程工作平台，使所有参与者投入最小化、收益最大化。

远程工厂与远程教育服务云平台紧密结合，有效延伸，形成具有集中管理、统一维护、互联互通、内容共享等特点的终端应用模式。把企业真实的办公环境、技能操作区传输至学校教学区，学生通过远程设备了解企业现场、观看技能分解。远程工厂教学场景示意如图18所示。

图18 远程工厂教学场景示意

本区域对接课程及实训项目需要在实践过程中根据实际需要进行安排，暂无特定内容。

（二）智慧物流中心

此部分为智慧物流中心所有的课程内容及学时，学生在通过学习后，能够胜任智慧物流管理公司总部、自贸仓库区、智能物流中心、校园配送中心与快递收发点各个岗位就业。

1. 智慧物流管理公司总部

本区域是以真实的第四方物流供应链管理咨询服务公司办公环境进行建设，学生可以通过在运营中心仿真实操、全真实践、项目创业等环节的过程中，了解掌握第四方物流企业真实的商业模式，具体包括 O2O 电商物流、B2B 电商物流、B2C 电商物流岗位操作项目等。

智慧物流管理总部在实践过程中，学生主要掌握和熟练以下物流管理内容：

①运输管理：运输方式及服务方式的选择、运输路线的选择、车辆调度与组织等。

②储存管理：原料、半成品和成品的储存策略、储存统计、库存控制、养护等。

③装卸搬运管理：装卸搬运系统的设计、设备规划与配置和作业组织等。

④包装管理：包装容器和包装材料的选择与设计，包装技术和方法的改进，包装系列化、标准化、自动化等。

⑤流通加工管理：加工场所的选定、加工机械的配置、加工技术与方法的研究和改进、加工作业流程的制定与优化。

⑥配送管理：配送中心选址及优化布局、配送机械的合理配置与调度、配送作业流程的制定与优化。

⑦物流信息管理：主要指对反映物流活动内容的信息、物流要求的信息、物流作用的信息和物流特点的信息所进行的搜集、加工、处理、存储和传输等。

⑧客户服务管理：主要指对于物流活动相关服务的组织和监督，例如调查和分析顾客对物流活动的反映，决定顾客所需要的服务水平、服务项目等。

智慧物流管理公司总部教学场景示意如图 19 所示。智慧物流管理公司总部对接课程及实训项目如表 8 所示。

2. 自贸仓库区

本区域是以真实的自贸仓库办公环境进行建设，为电商平台订单进行国际物流配送，企业中设有单证处理中心，可提供给学生进行操作，并配套保税仓储系统进行出口物流跟踪。

图 19　智慧物流管理公司总部教学场景示意

表 8　　　　　　　　智慧物流管理公司总部对接课程及实训项目

教学计划	学时	配套载体	课程内容
供应链物流运营实务	20	物流管理运营部分、名企案例、第三方物流系统、智慧物流管理总部实体	（1）物流企业运营管理基础： 物流企业概述；物流企业运营基础；物流企业管理基础；顾客服务与物流服务 （2）物流企业经营环境管理： 物流市场分析；物流企业营销管理；物流企业客户管理；物流企业的资源整合；物流企业战略管理 （3）物流企业内部运营管理： 物流企业作业管理；物流企业质量管理；物流企业设施与设备管理；物流企业人力资源管理；物流企业的资本运营管理；物流企业的风险管理；物流企业绩效管理 （4）物流企业高级运营管理： 物流企业项目管理、物流企业信息管理

　　除此之外，本区域还设有模拟仿真区，学生可以结合港口模拟沙盘、仿真港口设备进行学习，让学生有身临其境的感觉，从理论到实操都有透彻的了解与学习。模拟仿真区配套港口物流设备，学生通过理论基础知识和专业知识的学习，锻炼出较强的实践能力和技术应用能力，能承担集装

箱码头收、发箱业务管理，提箱业务管理，集装箱堆场策划，泊位策划，货运管理、货运代理及船舶代理业务的模拟实训等。以海运管理系统为核心，进行国际船舶代理的业务流程设计，如使船代公司通过数据交换让进出口双方以及商务伙伴达成数据共享，以减少重复环节，提高工作效率。实训内容包括海运托运单作业、海运流程单据作业、装箱、提单、设备交接、收货/送货运输等。

集装箱堆场部分可根据实际的集装箱码头和堆场设计，由按照比例缩小的 ABS 材料制作的仿真集装箱、完成集装箱堆垛的轨道桥式起重机、进出闸控制台等，完全按照真实环境设计，模拟集装箱码头操作。自贸仓库区教学场景示意如图 20 所示。自贸仓库区对接课程及实训项目如表 9 所示。

图20　自贸仓库区教学场景示意

表9　　　　　　　　　　自贸仓库区对接课程及实训项目

教学计划	学时	配套载体	课程内容
供应链物流运营实务	20	自贸仓库部分、名企案例、第三方物流系统、自贸仓库实体	自贸物流概述、自贸商品管理、自贸与货代、自贸与仓储、自贸通关实务

3. 智能物流中心

本中心以真实的智能物流中心为建设依据，智能物流中心配套建设仓储保管区、全自动立体仓库区、生产物流区、自动分拣区、条码实训区、流通加工区、托盘码垛区、电子标签辅助拣选系统区、物流营销实训区等实践区域。本中心培训目标是实现学生对整个系统的全面管理，每个技能区的学生可智能登录实训考核系统。物流服务中心建成后将逐步对接真实运营的新零售线下体验超市、真实运营的线上电商企业平台、真实运营的跨境电商与国内电商企业的配送中心，中心将被怡亚通纳入其名下的物流骨干网，承接校园电商创业平台的真实物流业务。

物流配送是现代物流的重要环节，从物流的功能角度分析，现代物流包括运输、搬运装卸、仓储、包装、流通加工、配送和信息处理七项基本功能，其中仓储与配送是现代物流不可缺少的环节。本中心可以满足物流企业各功能岗位的操作人员（如运输管理人员、仓储管理人员、配送人员、客户关系管理员等）实践实操。这些人员在熟悉物流行业的同时，还掌握了物流运输、仓储、包装、装卸等方面的知识，并能熟练地将理论运用到实际工作中。智慧物流中心教学场景示意如图21所示。智慧物流中心对接课程及实训项目如表10所示。

图21　智慧物流中心教学场景示意

表 10   智慧物流中心对接课程及实训项目

教学计划	学时	配套载体	课程内容
供应链物流运营实务	25	智慧物流中心部分、名企案例、第三方物流系统、智慧物流中心实体	电子商务概述、智慧物流概述、智慧物流信息管理与标准化、智慧物流识别与感知技术、智慧物流的定位跟踪技术、智慧物流中的网络与通信、智慧物流中的新技术、智慧物流安全技术

4. 校园配送中心与快递收发点

"每当有快递的时候就非常苦恼，因为总是在上课时间接到快递员的电话或者短信，收也不是，不收也不是，多希望学校有一个快递中心。"这是很多大学、高职院校的学生所头疼的事情，因为他们所在的校园没有专门的机构收发快递，虽然现在有些学校有校园驿站、校园配送团队，但是也较为混乱。

本校园配送中心与快递收发点的建设旨在让学生不用担心被快递员的电话骚扰，也不用担心收发快递的烦恼，只需要查看自己的手机，就可以知道什么时间去取快递是最佳时间，而不用浪费时间去排队。当然，在这里，他们还可以办理配送中心的"VIP 服务"，配送中心的工作人员直接将快递送到学生手中，无论是在宿舍还是在教室。除了对学生有一定的便利之外，老师也是非常大的受益者，凡是老师的快递，都由物流配送中心的工作人员进行专门配送。

校园配送中心可以与顺丰、EMS、圆通等快递公司进行合作，所有的快递包裹进入到校园之后都放在物流配送中心，然后由工作人员进行分类管理和配送。校园配送中心与快递收发点场景示意如图 22 所示。校园配送中心与快递收发点对接课程及实训项目如表 11 所示。

此部分内容包含在智慧物流管理公司总部的课程与实训项目中，如在总部已完成学习，本区域可不必重复。

图22　校园配送中心与快递收发点场景示意

表11　　　　　　　校园配送中心与快递收发点对接课程及实训项目

教学计划	学时	配套载体	课程内容
供应链物流运营实务	20	O2O校园配送与快递收发部分、名企案例、第三方物流系统、校园配送中心与快递收发点实体	（1）O2O物流理论概述： 认识O2O电子商务、体验网上购物、O2O电子商务与物流的关系、O2O电子商务物流的新发展 （2）O2O电商线上物流： O2O电商环境下的物流系统、O2O电商商城物流模式选择、O2O电商商城下的商品采购与库存管理、O2O电商商城物流配送、O2O电商商城物流应用实务 （3）O2O电商线下物流： O2O电商线下超市网上采购管理、O2O电商线下超市采购业务管理、O2O电商线下超市入库验收管理、O2O电商线下超市库存盘点管理、O2O电商线下超市配送作业管理、O2O电商线下超市物流运输管理

（三）新零售营销与体验中心

消费升级首先带来的是消费品类的升级，产品更趋品牌化和定制化；其次是消费体验的升级，线上线下融合的O2O零售模式全面凸显。

当消费者走进新零售营销与体验中心时，立刻能从新零售营销与体验中心所营造的氛围中寻找到自我标签并认知：或优雅、或时尚、或华丽、或安静。新零售营销与体验中心不仅是服装、化妆品销售的场所，而且是实现购物区与娱乐区、休闲区的混搭协同，可以一边逛、一边玩，小孩可以在娱乐区玩耍，老人也可去休闲区喝杯茶。

新零售营销与体验中心将定期举办艺术展，或者开辟单独一层作为艺术品展区，让消费者在逛街的同时也可感受艺术的熏陶。同时发挥消费大数据魔力，有效分析消费者偏好，深度了解客户感兴趣的产品或服务等，然后将商品活动信息精准推送给客户。打造金融生态，实现便捷购物分期付款，让消费者尽情"买、买、买"。

1. 智慧供应链文化博览中心

智慧供应链文化博览中心主要为学生提供指引，通过一系列的现代数字显示技术，以达到真实展示"创意＋C2B（消费者定制）"业务模式、供应链文化、新零售、智慧物流、供应链金融等业务的目的，通过横向链接的方式将相关理论知识贯穿于其中。这里是智慧供应链人才培养中的序幕，旨在培养学生的学习兴趣，加深学生对未来商业的了解。智慧供应链文化博览中心"创意＋C2B（消费者定制）"人才培训实践基地场景示意如图23所示。

图23 智慧供应链文化博览中心"创意＋C2B（消费者定制）"人才培训实践基地场景示意

智慧供应链文化博览中心对接课程及实训项目如表12所示。

表12 智慧供应链文化博览中心对接课程及实训项目

教学计划	学时	配套载体	课程内容
全球供应链认知	6	全球供应链认知教材、PPT课程、案例、视频、全球供应链文化博览中心	（1）怡亚通"全球供应链商业生态圈" ①怡亚通供应链企业文化 ②怡亚通供应链服务模式 ③怡亚通企业组织架构介绍 （2）怡亚通"380分销"简介

2. 创客空间与创意工作室

创客空间与创意工作室是"创意+C2B（消费者定制）"运营流程中的第一环节，也是最重要的一个环节，这里打造的是这样一个环境，它向所有人开放，只要你是一位愿意把有趣创意付诸行动的"行动派"。来自艺术、计算机、金融等不同领域的"创客们"可以齐聚在这里，可以随意取用工具，遇到技术或产品问题，随时有其他创客主动帮忙。

创客空间与创意工作室是一个鼓励和支持学生把神奇想法变成现实的地方，每个学生都是创客。创客空间与创意工作室提供一个全方位的基础设施和生态体系，让所有有想法的学生都可以创造价值。

创客空间采用咖啡吧的环境氛围，抓住了人们对"聚"这一传统文化的心理特性，空间在提供优质咖啡和现点现做的新鲜餐品的同时，也为消费者提供了一个舒适放松的畅想空间。

目标服务的空间消费群体也比较多元化，有把会议洽谈约在店内的商务人士，也有不少以学生学习为活动的消费者，不过最主要的客源还是来自年轻群体，店内足够大的空间以及健康的饮食风尚都是吸引他们的卖点。创客空间场景示意如图24所示。创客空间对接课程及实训项目如表13所示。

图 24　创客空间场景示意

表 13　　　　　　　　　　创客空间对接课程及实训项目

教学计划	学时	配套载体	课程内容
创业通识与创业计划	18	创业通识与创业计划教材、PPT课程、案例、视频、创业通识平台App、创客空间与创意工作室实体	走进创业通识平台、创业计划书制作、创业通识应用、实训总结

3. SCM 金融服务中心（金融超市）

SCM 金融服务中心重点依托深圳市怡亚通供应链股份有限公司的宇商金融平台进行建设。宇商金融平台包括两大事业板块，一是以"1 + N"为主的基础供应链金融，二是创新金融（包含消费金融、物流金融、互联网金融），形成了以供应链金融为基础，通过综合运用多种投、融资手段，为中小企业和高端个人消费提供一站式"供应链金融"服务。学生通过此平台能够学习到中国 500 强企业——深圳市怡亚通供应链股份有限公司的供应链金融理念

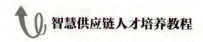

和业务操作模式。SCM 金融服务中心（金融超市）教学场景示意如图 25 所示。SCM 金融服务中心（金融超市）对接课程及实训项目如表 14 所示。

图 25　SCM 金融服务中心（金融超市）教学场景示意

表 14　　　SCM 金融服务中心（金融超市）对接课程及实训项目

教学计划	学时	配套载体	课程内容
SCM 金融管理实务	40	SCM 金融管理运营教材、名企案例、宇商金融平台、供应链金融服务中心实体	①新经济环境下的供应链金融及其特征 ②供应链管理再解读 ③供应链金融再思考 ④供应链金融交易单元与形态 应收账款融资、库存融资、预付款融资、战略关系融资 ⑤生产运营领域的供应链金融创新 生产性服务业的概念及趋势、生产运营领域服务化战略与供应链金融类型化、流程化产业金融服务模式、定向化产业金融服务模式、整合化产业金融服务模式 ⑥贸易流通领域的供应链金融创新 ⑦物流领域的供应链金融创新 ⑧商业银行的供应链金融管理 商业银行的主营业务、商业银行视角下的供应链金融、商业银行供应链金融类型化、商业银行主导的信息供应链金融、商业银行主导的跨国供应链金融、商业银行主导的整合供应链金融 ⑨电子商务与价值网络供应链 ⑩供应链管理风险与供应链金融风险管控

4. O2O 校园超市

O2O 校园超市以新零售的概念引入新的经济业态，具体特色如下：

①超市使用终端联盟全国统一的联盟门店形象，从店头、店内装饰到货架陈列，都进行全面的更新和升级，以更好的购物环境吸引更多的消费者光顾。

②超市产品库中包含近千个国内外知名快消品牌和数万种畅销进口单品。

③超市装备"终端传媒设备"，即可发展"终端传媒业务"，为门店创造广告收入，同时通过促销广告帮助门店的相关产品销售。

④超市代售虚拟商品，如票务、家政服务、通信套餐等，丰富联盟成员商店的服务功能，以"捆绑"更多的消费者。

⑤超市开设自己的微店，将现有的店铺电商化。依托微店，目标是打造30分钟社区服务平台，覆盖方圆3平方公里范围，并将以学校为核心的整个基地深度融入到当地社区生活中。

O2O 校园超市场景示意如图 26 所示。O2O 校园超市对接课程及实训项目如表 15 所示。

图 26　O2O 校园超市场景示意

表 15　　　　　　　　　O2O 校园超市对接课程及实训项目

序	教学计划	学时	配套载体	课程内容
1	校园 O2O 超市运营实务	36	超市运营部分、超市运营企业资源库、POS 收银系统、大型商业分销管理系统、实体超市、社区超市	超市运营概述及定位、超市店铺设计、商品管理、促销管理、采购管理、物流管理、安全管理、经营成本控制、后勤管理、网络销售、大型商业分销管理系统、POS 收银系统
2	新零售智慧店铺运营实务	36	新零售智慧店铺运营部分、新零售智慧店铺企业资源库、智慧店铺系统	开通指引、收银台收款、营业分析、收银对账、卡券管理、派券中心、会员管理、智能 CRM、微信商城、外卖管理、团购管理、智能小二、拉客营销、微页营销、游戏营销、行业应用、商家中心、地推高手、智慧餐厅、运营策划
	合计	72		

5. O2O 服装超市

O2O 服装超市是线上线下联动的服装店，如果消费者想在网上购买服装，可以先到 O2O 服装超市来试穿，再通过线上下单。也可以直接到店里下单现场取货，或者在店里下单后由店家通过快递送货，无论采用线上线下哪种方式，价格都是一样的。并且，O2O 服装超市设定了无条件退换货的时间期限，这个时间期限足够让下单者考虑好是否购买。

O2O 服装超市实际上搭建了一个服装交易平台，绕开了传统的批零环节，通过大数据技术，可以以最省的成本、最快的速度，将消费者所青睐的服饰款式、品牌，整合成有效订单，同时放在网上和实体店内直接与消费者见面。即应用云采购、云服务、云物流、云管理、云社区等核心理念，将消费者与服装的社会属性以互联网的方式进行服务与传播。由于网上服装店缺少体验环节，消费者只看图片难以准确设想穿着效果，而传统实体店又由于流通环节过多，让服装价格居高不下，只有 O2O 服装店克服了单纯线上或单纯线下模式的不足。店内还设有 3D 试衣镜、试衣间、自拍场景区给消费者带来全新的试衣体验。

O2O 服装超市除了展示成衣外，大部分陈列学生创业小组自主设计制作的服装，学生团队自主经营，培养"小业态"创业能力。销售商品所得的利润主要用于学生报酬、创业基金等。学生通过轮岗完成采购员、促销员、理货员、收银员、防损员、售货员、财务会计、代店长等岗位的实训。

超市内引进 RFID 技术进行商品销售活动，即每个商品上粘贴 RFID 电子芯片（成本 0.1 元），学生自助购物后通过门禁系统可自动识别所购商品的品名和价格，汇总显示在刷卡机上，学生简单刷卡即可完成收银。鉴于未来人力成本越来越高，未来超市的自助收银会应用得越来越普遍，以降低成本、提高效率。

O2O 服装超市对接课程及实训项目与 O2O 校园超市对接课程及实训项目相同。

6. O2O 电商体验店

O2O 电商体验店是 B2C、C2B 国内电商平台的线下网购服务社区店，店内将配备智能触摸终端（消费者也可自主在手机上安装 B2C/C2B 国内电商平台 App）、B2C/C2B 国内电商平台，为顾客提供更灵活、更便捷、更智能化的线下社区服务体验。

O2O 电商体验店，除可以提供快递物流业务、虚拟购物外，还具备 ATM、冷链物流、团购预售、洗衣、家电维修等多项业务。"O2O 电商平台线下产品展示区"店内的海报、二维码墙放置虚拟商品，可以通过手机扫码、店内下单购买，其模式与英国最大的 O2O 电商"Argos"十分相似。不过和"Argos"不同的是，"O2O 电商平台线下产品展示区"店内不设库存。O2O 电商体验店场景示意如图 27 所示。O2O 电商体验店对接课程及实训项目如表 16 所示。

图 27   O2O 电商体验店场景示意

表 16   O2O 电商体验店对接课程及实训项目

序	教学计划	学时	配套载体	课程内容
1	B2B 分销运营实务	60	B2B 分销运营部分、深度供应链企业资源库、B2B 分销平台	①B2B 分销平台认知 ②B2B 分销平台的业务模式 ③B2B 分销平台采购管理 ④B2B 分销平台店铺销售技巧 ⑤B2B 分销平台电商平台操作
2	B2C/O2O 电商运营实务	60	B2C/O2O 电商运营部分、B2C/O2O 电商运营企业资源库、B2C 创意商城平台、超市实体、星链微店 App	开店准备、店铺开设与维护、店铺日常维护、店铺推广与营销、B2C 商城在线交易、在线交易磋商、B2C 商城平台交易管理、店铺交易数据分析、微店维护与管理
3	C2B/O2O 电商运营实务	60	C2B/O2O 电商运营部分、C2B/O2O 电商运营企业资源库、B2C 创意商城平台、超市实体、星链微店 App	（1）分销商运营 分销商注册及子站申请、分销店铺管理、分销商商品管理、分销商商品采购、分销商店铺推广设置、分销商平台在线交易、交易运营与管理、在线交易磋商、交易财务管理、交易数据分析

序	教学计划	学时	配套载体	课程内容
				（2）主站运营 主店开设准备与维护、平台商品维护管理、平台推广与营销、平台招商与管理、平台在线交易、平台交易运营与管理、平台在线交易磋商、平台交易财务管理、平台交易数据分析、供应商平台中心管理
	合计	180		

7. O2O 跨境电商体验店

O2O 跨境电商体验店不仅可以销售低价进口完税商品，还可以通过保税展示、线上下单的方式购买进口商品，线下店内主营化妆品、洋酒、母婴用品、厨房用品、生活日杂五大类进口商品，现场不仅包含生鲜食品、化妆品和洋酒等，还有从德国等欧美制造大国引进的奶瓶、护手霜、洁肤皂等母婴用品，木质汽车、乐器等儿童玩具，压力锅、珐琅锅、刀具等厨房用品，保温壶、指甲刀等生活日用杂品，以及剃须刀、空气净化器等家电商品，涵盖了人们生活中吃、穿、用、玩等各个方面及各年龄段所需。

O2O 跨境电商体验店实现了真正意义上的"O2O 进出口直营卖场"，将线上线下的消费、积分、购物、物流全部打通为一个整体。消费者通过手机 App 下单，商品就可以轻松地送到家门。商城内有专门的人员负责在卖场为下单的网上顾客进行挑选和包装物流。消费者也可以亲自到卖场进行挑选采购，利用在网上的积分和优惠进行购买，真正得到了多方面的便利和实惠。O2O 跨境电商体验店场景示意如图 28 所示。O2O 跨境电商体验店对接课程及实训项目如表 17 所示。

图 28　O2O 跨境电商体验店场景示意

表 17　　　　　　　　　　O2O 跨境电商体验店对接课程及实训项目

教学计划	学时	配套载体	课程内容
O2O 跨境电商运营实务	60	跨境电商创业经营实战教程、名企案例、C2B 国际电商平台 + App、社区实体店、超市实体店	跨境电子商务认知、跨境电子商务平台运营与管理、跨境电子商务货源组织、跨境电子商务支付与结汇、跨境电子商务物流与保险

8. 网购自提区

对于未来商业来说，自提服务的意义在于，一方面为消费者提供便利体验；另一方面也是与线上电商的结合。目前可以进行自提的商品种类超过千余种，如鱼产品、肉类、海产品、奶制品等都包括在内，消费者可以通过电话、App 订货。学生可以在这里充分体验 O2O 商业模式。网购自提区场景示意如图 29 所示。网购自提区对接课程及实训项目如表 18 所示。

图 29　网购自提区场景示意

表 18　　　　　　　　　　网购自提区对接课程及实训项目

教学计划	学时	配套载体	课程内容
供应链物流运营实务	5	智能快递收货、名企案例、第三方物流系统、校园配送中心与快递收发点实体	智能快递柜操作基础、代收快递业务操作、代收登记操作、地址选择操作、填写信息操作、收件系统操作、智能快递柜信息发送监控、自动识别

9.　"EA 星盟通"运营区

"EA 星盟通"运营区为星盟通平台学生创业管理中心，学生可以依托"EA 星盟通"汇聚的全球名优产品的供应链后台，进行电商化和自营销创业项目运营。"EA 星盟通"运营区场景示意如图 30 所示。

"星盟"是由怡亚通发起成立的 O2O 中小零售商联盟，致力于为中小零售商创造一个共生发展的平台，将帮助中小零售商从单打独斗走向联盟发展，通过长期融资方式，升级采购方式、升级营销方式、升级销售渠道，帮助小商店从纯商品销售转型为"销售有形商品 + 提供增值服务"的 O2O 综合超市，依托联盟组织进行"无边界"发展。本区域主要以怡亚通"星盟"体系

图30 "EA星盟通"运营区场景示意

中的"星链"为主要业务抓手进行实践教学，具体包括：星链云商、星链云店、星链生活和星链友店四个模块，它们都将融入到基地O2O校园超市实体运营中去。各模块功能如下：

星链云商：星链云商是怡亚通为品牌商打造的集商品展示、线上采购、在线支付、订单管理、渠道管理、广告等营销功能于一体的B2B一站式交易营销服务平台。

星链云店：星链云店是怡亚通专门为零售门店开发的互联网O2O综合服务平台，零售门店通过星链云店可以实现一站式门店商品采购，降低采购成本；共享怡亚通后台的海量正品货源，延展实体货架，扩充销售品类；同时，可以将实体门店商品进行O2O互联网化，让零售门店轻松打造自定义的O2O综合超市。

星链生活：星链生活是怡亚通为消费者打造的本地生活服务平台，让消费者基于LBS（基于移动位置服务）定位随时随地完成线上下单、线下享受的O2O全新购物体验；同时，也是品牌整合终端商店及流量的营销平台、消费者体验新奇商品的平台。

星链友店：星链友店在融入基地O2O校园超市实体运营中后，可以让有销售能力的学生和实践者无成本地开设全新营销平台或销售平台。

"EA 星盟通"对接课程及实训项目如表 19 所示。

表 19　　　　　　"EA 星盟通"运营区对接课程及实训项目

教学计划	学时	配套载体	课程内容
EA 星链微店运营实务	30	EA 星链微店运营部分、名企案例、"EA 星盟通"、B2C 移动端平台、C2B 移动端平台、社区实体店	（1）星链云店运营：手机下载流程、手机注册流程、店铺管理—申请、商品管理—店内自营、商品管理—平台分销、收入管理、提现流程、更多星链云店板块功能 （2）星链生活：手机注册会员、首页界面展示 （3）星链云商：新品上市、订货会、促销活动、广告营销、商品分销、门店集采、物流配送、采购规划、报表、订单分析、动销

10. 第三方电商平台运营区

第三方电商平台运营区是以怡亚通供应链体系资源为依托，指导学生在淘宝、京东、天猫、速卖通等平台上的低风险创业。具体第三方电商平台类型及可实现功能如下：

①淘宝、天猫平台：运营、怡亚通后台数据对接。②Ebay、亚马逊平台：运营、怡亚通后台数据对接。③团购运营：美团、糯米运营、怡亚通后台数据对接。④社区平台：大众点评运营、怡亚通后台数据对接。

第三方电商平台运营区对接课程及实训项目根据项目所对接的不同的第三方平台进行定制化教学计划。

11. 生活服务区

生活服务区主打"乐购、体闲、轻松、自助"的消费理念，提供的服务包括自助售货机、自助咖啡机、微信打印机、自助唱吧、自助拍摄棚、虚拟现实（VR）游戏体验等。自助设备可以不受时间、地点的限制，能节省人力、方便交易。此部分可作为学生自主创业项目，也可以结合当地企业需求进行租售，以上服务是时下商超中随处可见的自助服务，旨在让学生在踏出校园前了解未来商业、社会生活。生活服务区场景示意如图31所示。生活服务区对接课程及实训项目如表20所示。

图 31　生活服务区场景示意

表 20　　　　　　　　　生活服务区对接课程及实训项目

序	教学计划	学时	配套载体	课程内容
1	自助售货体验		自助售货机操作指南、自助售货机及系统	设备基本维护、产品上架、产品二维码制作、微信推广等
2	自助咖啡体验	2	自助咖啡操作指南、自助咖啡机及系统	磨粉、压粉、装粉、冲泡、清除残渣、设备基本维护
3	微信打印体验		微信打印操作指南、微信打印机及系统	设备基本维护、照片并剪辑、如何获得验证码、付款方式操作

续　表

序	教学计划	学时	配套载体	课程内容
4	自助拍摄体验		自助拍摄机操作指南、自助拍摄机及系统	设备基本维护及基本操作、系统设置
5	VR 游戏体验	2	VR 游戏设备操作指南、VR游戏设备及系统	设备基本维护及基本操作、系统设置
6	自助唱吧		自助唱吧操作指南、自助唱吧及系统	设备基本维护及基本操作、系统设置
合计		2		

12. 新平台教学区

新平台教学区为学生在实践过程中穿插的理论教学提供场所，教学中心配有曲面投影幕，每个学生位配有平板电脑，致力于打造一个拥有更多知识魔法与吸引力的智慧课堂。新平台教学区场景示意如图 32 所示。

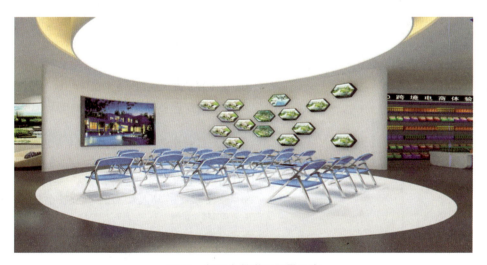

图 32　新平台教学区场景示意

新平台教学区对接课程及实训项目如表 21 所示。

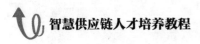

表 21 新平台教学区对接课程及实训项目

教学计划	课时	配套载体	课程内容
智慧供应链理论探索与实践	40	"双三元"职教模式理论探索与实践教材、智慧供应链教学中心、PPT课程、案例、视频	（1）"双三元"理论概述： ①"双三元"职教模式的启示 ②"双三元"职教模式的设计 ③"双三元"职教模式相关理论依据 ④"双三元"职教模式的价值论 ⑤"双三元"职业核心能力的人才培养目标论 ⑥"双三元"职教模式协同创新的专业建设论 ⑦"双三元"职教模式多元结构师资队伍建设论 ⑧"双三元"职教模式信息技术平台论 ⑨"双三元"职教模式创新创业教育实践论 ⑩"双三元"职教模式的探索与实践成果 （2）"双三元"成功案例： ①工业与艺术设计学院"工作室制"教学企业案例 ②旅游管理学院"服务学习，实践育人"案例 ③电子信息工程技术专业"行校企"三元共建案例 ④机电工程学院"三岗递进育人才"案例 ⑤机电工程学院粤德合作"工业机械工"专业建设案例 ⑥人文与社会管理学院"社会工作专业建设"实践案例 ⑦珠光汽车有限公司"现代学徒制"案例 ⑧"政校企""推动人大立法，建立校企合作长效机制"案例 ⑨"金湾电子商务产业联盟"案例 ⑩"行校企""全球供应链怡亚通益达众创学院"案例

（四）商业运营中心

商业运营中心可为当地企业提供采购管理、生产管理、研发管理、物流管理和客户关系管理五个方面的服务。每个项目将通过供应链专业顾问团队，根据行业特点、客户实际情况为客户定制解决方案，确保方案的系统性、可行性与可执行性。商业运营中心在为客户长期发展提供基础支持的同时，能够为企业带来直接的效果，可以在短期内帮助客户降低成本。运营中心将分为总经办、运营部、运输部、客服部、业务部、财务部、行政部、大数据分析中心等。整个运营中心按照不同企业部门职能进行业务划分进行实操实训及业务经营。

运营中心是以搭建学校电商运营平台、校企合作引入怡亚通真实的运营项目为核心，各部门通过数据交换使得企业及商务伙伴达成数据共享，以减少重复环节、提高工作效率。商业运营中心场景示意如图 33 所示。商业运营中心对接课程及实训项目如表 22 所示。

图 33 商业运营中心场景示意

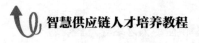

表 22 商业运营中心对接课程及实训项目

教学计划	课时	配套载体	课程内容
全球供应链运营实务	120	全球供应链运营教材、名企案例、SCM 平台、商业运营中心实体	1. 全球供应链概论 （1）知识目标： ①理解供应链和全球供应链的概念 ②了解供应链的结构特征 ③掌握供应链的类型 ④了解怡亚通全球供应链业务模式 （2）技能目标： ①能够明确供应链管理产生的原因 ②能区分不同供应链的类型 ③能识别不同的供应链业务模式 ④能分析不同企业的供应链结构 2. 广度供应链运营 （1）知识目标： ①了解广度供应链集群 ②理解采购执行与采购、传统物流金融模式的区别 ③理解分销执行与销售的区别 ④掌握采购执行、分销执行的业务模式及特点 ⑤掌握 VMI 和 JIT 服务相关概念 ⑥了解采购执行、分销执行的风险及防范措施 （2）技能目标： ①能够明确广度供应链集群的业务范围 ②了解采购执行、分销执行产生的背景 ③能够结合案例说明采购执行、分销执行的业务模式 ④掌握广度集群业务中 VMI 和 JIT 服务的作用 ⑤能够说明采购执行、分销执行对供应链上各角色带来的增值价值 3. 深度"380 分销"运营 （1）知识目标： ①了解 B2B 分销平台的由来和功能 ②掌握 B2B 分销平台 PC 端、手机客户端、手机业务端的店铺运营 ③熟悉 B2B 分销平台业务模式 ④了解 B2B 分销平台店铺的销售技巧 ⑤熟悉 B2B 分销平台品牌业务的供应链环节

教学计划	课时	配套载体	课程内容
			（2）技能目标： ①开展 B2B 分销平台 PC 端、手机客户端、手机业务端的店铺运营 ②灵活运用 B2B 分销平台的业务模式 ③掌握 B2B 分销平台品牌业务的供应链环节 4. 全球采购运营 （1）知识目标： ①了解全球采购概念及主要特征 ②了解全球采购的模式 ③了解全球采购的组织架构及岗位职责 ④了解全球采购的基本流程 ⑤了解产品整合内涵 ⑥了解产品整合流程 ⑦了解全球采购与产品整合业务流程 （2）技能目标： ①认知全球采购 ②认知采购岗位 ③认知全球采购岗位能力要求 ④认知产品整合流程 ⑤认知全球采购与产品整合业务运作 5. 供应链金融运营 （1）知识目标： ①了解供应链金融集群 ②理解供应链金融、传统金融模式的区别 ③掌握供应链金融业务的分类 ④掌握供应链金融的业务模式及特点 ⑤了解供应链金融的风险及防范措施 （2）技能目标： ①能够明确供应链金融的业务范围 ②了解供应链金融产生的背景 ③能够结合案例说明供应链金融的业务模式 ④能够说明供应链金融给供应链上各角色带来的增值价值 6. 创新集群与综合运营 （1）知识目标：

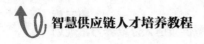

续　表

教学计划	课时	配套载体	课程内容
			①了解供应链创新集群 ②理解商业模式创新的概念 ③了解商业模式创新的特点和维度 ④掌握商业模式创新的方法 ⑤了解怡亚通商业模式创新 （2）技能目标： ①能够分析不同的商业模式创新使用方法 ②能够设计客户需求分析方案 ③能够结合客户需求，制订供应链服务方案 ④能够与客户达成合作协议

第五节　接触零距离的实习就业

一、让实习/顶岗零对接

在智慧供应链人才培养中学习、实践成绩优异的学生，企业提供相关专业实习机会。主要包括仓储物流类、财商类、销售拓展类岗位。关于管理岗位，采用轮训模拟为主，主要方向包括针对当地社区零售业态的分析、针对社区零售业态的升级与服务的规划、与怡亚通共同做的供应链变革与服务、运营平台的流程、系统、人员的梳理与规划等。在怡亚通，为此类学生提供供应链服务、企业采购、分销、物流等经营管理岗位，以及电子商务创业课程指导等岗位轮岗实训，培养具有创业精神和较强适应能力的中、高等应用技能型人才，实现校园人力资源与企业直接对接。

智慧供应链人才培养体系配套师资培训基地，承接社会培训，外包企业供应链业务，提供供应链优化咨询，承接财务客服、商务客服、地面推广、电商运营、跨境电商运营和校园快递运营等项目，为供应链金融企业、会计企业、财务企业、货代企业、港口企业等输出培养人才，让学生了解企业制度与文化、业务内容、运营流程和全球供应链管理信息平台的功效与使用方法，掌握企业各项业务现场操作方式，在全球供应链相关岗位上进行实操，获得行业认证证书，通过在相关岗位进行真实创业实践，获得创业经验与资金。

学生可就近选择实践教学基地，实践教学基地分布在广州、深圳、上海、大连、成都、长沙、漳州和南宁等地，进行全日制实践（若按周，可采用3天基地实习+2天企业实践的方式，具体安排以实际协商为准）。实践教学基地示意如图34所示。

上海洋山港供应链基地

上海金桥供应链基地

深圳供应链基地

辽宁供应链基地

长沙供应链基地

图34　实践教学基地

二、让就业之路越走越宽

通过智慧供应链人才培养体系培养，在创业实践基地考核成绩优异的学生，可以通过怡亚通益达创业学院指导和资金支持，实现自主创业就业，提供就业人才服务和创新创业平台，推荐优秀毕业生至全球供应链商业生态圈上下游企业就业。

完成教学计划并考核成绩优异的学生，可获得进入怡亚通供应链体系与终端平台（网店、实体店）的就业机会，和进入供应链金融企业、会计企业、财务企业、货代企业、港口企业等就业的机会。通过智慧供应链人才培养体系输出的学生也有机会进入跨国物流公司和大型央企，在企业中从事采购、仓储、现场管理、外贸、报关报检、调度、物流、供应链等相关职位。

第六节　与时俱进的创新创业

一、创业支持

智慧供应链人才培养体系建设过程中，还将成立创新创业实践基地作为品牌孵化中心，由来自名企的创新创业导师，通过数字化双向传输课堂、创新创业导师示范课堂以及创新创业实践、创新创业竞赛、创新创业融资和第三方人才水平评估等培养方式，让学生真正零距离地创业。通过互联网技术手段与人才培养体系提供的创业平台，让创业者在此平台上大施拳脚，全真创业，学会创业技能，把控创业风险，真正形成校园商业生态圈，如图35所示。①

智慧供应链人才培养体系以校企合作、产教融合为前进方向，以国家标准和行业标准为依据，编制体现全球供应链运营特点的人才培养方案，使用合作院校招生指标，完成招生、课堂教学、综合实训、企业实践、职业认证、创业就业等全部教学与就业环节。

品牌孵化中心为企业提供新品牌推出策划、定位、品牌视觉设计、店铺设计、企业轻资产结构设计，提供准确市场需求的产品设计、产品工艺、样品制作、零售加盟招商、商场店铺开启，保证企业投资营运的市场风险降至最低。同时，孵化中心还可提供后期品牌操作指导项目维护，为投资企业保驾护航。

① 怡达，深圳市怡亚通益达教育服务有限公司代称。

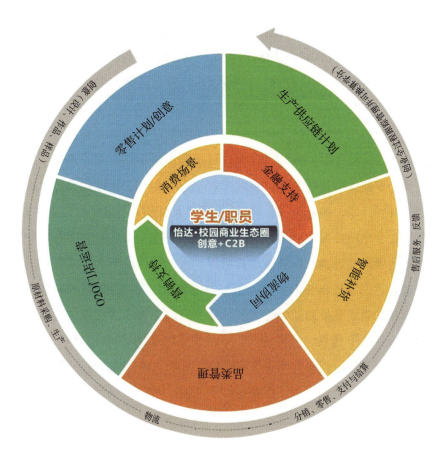

图35　校园商业生态圈

二、创新品牌孵化

　　大学生创新创业需要校行企合作共同提供实习实训与成果孵化的基地，作为促进大学生自主创新创业的重要实践平台，以开展创新创业教育、创新创业学习、创新创业服务为主要任务，促进学生对创新创业的认识与能力的培养。校行企合作打造的品牌孵化基地应该是集学生创新创业、实习实训、科研孵化、综合服务为一体的大学生创新创业与科技孵化基地，聚焦专业能力，通过互联网及各种平台，发现资源，利用资源。这些资源应包括资金支持、技术支持和人才支持等，比如校行企合作的孵化基地、众创空间等都能为在校学生提供免费的办公场地和设备，还为后期的融资等提供一站式的服务。这些都可以为学生的创新创业降低成本，增加成功率。

品牌孵化工程包括项目与团队的成立、创意孵化与技术革新、项目路演、风投融资、企业运营、品牌推广、企业上市、教学辅助和创业孵化基金等环节和支撑。

创新品牌孵化工程的运营计划包括与院校签订全球供应链运营人才孵化基地共建协议，校行企三方共同建立校行企合作创新创业人才培养专家委员会，负责指导品牌孵化的运营，确定师资培育计划，确定课程设计、教材与教学资源开发计划，确定实习、就业与创业支持计划和教学环境建设计划。

校行企合作项目人才孵化基地的运营模式通过学生创业方案和创业前准备，在创业项目经过验证后进入孵化阶段，在智慧供应链人才培养体系设立的怡亚通益达创业基金（市场化运作）的创业扶持下，优先导入符合新兴产业规划项目和当地各类创新创业大赛优质项目。为人才孵化基地提供增值的孵化服务包括线上信息综合服务，线上及线下创业辅导，融资服务，市场营销、项目对接服务，创业者公寓及其他配套服务，如工商、税务代办服务等。品牌孵化工程整合金融服务、行业运营、"380 分销"、物流仓储、营销传媒及其他更多支持。高效利用资本手段和现有的丰富资源，为中小品牌解决融资难、缺渠道、资本运营经验不足等的难题。

初创业者的问题主要集中于不擅长品牌维护与终端消费者关系维护、品牌不具备互联网技术能力、品牌无法获得足够多专业培育的销售员等。而品牌孵化工程的优势在于它有丰富的项目来源，包括营销资源、渠道资源等；业务范围覆盖行业多，区域广；品牌孵化项目有合伙人的参与；资本实力强和资本运营经验丰富；可以更广泛地推出渠道。

（一）承接怡亚通企业业务

1. 成为怡亚通区域商务中心

校行企合资成立的公司可以作为怡亚通的区域商务中心，主营负责怡亚通在全国的所有平台业务（即销售团队、商务团队、财务团队、物流团队的相关业务），其整体工作流程是：业务部门取得的客户订单（手机订单等）或系统取得订单（重点客户的系统自动订单）交由商务部门形成怡亚通 ERP 系统订单，并经过商务部门和业务部门审核确认后（明细、数量、价格），传递到物流部门，物流部门完成分拣、排单、配车、装成、送货、结款、回单、退货等动作，商务部门根据物流部门扫描的单据和资金信息完成后续单据签收处理，涉及长期客户的单据完成应收管理与复核。这样的工作还会介于产品的不同、渠道要求的不同做不同细节的规定。

合资公司成立以后，将成为常年固定服务项目、其工作时间与怡亚通工作时间一致（晚班工作至 21 点），怡亚通将提供每个学生每月 650 元补助。

2. 承接怡亚通其他业务

可让学生参与怡亚通区域分公司的真实业务（具体业务类型以怡亚通区域分公司的实际业务为准）工作内容包括开拓校园市场、校园周边社区市场，以及企业建议的区域市场，市场开拓形式包括线下体验店、线上电商等。

创业团队成员需要承担的具体工作内容包括地面推广与活动推广，如星链传媒、速运传媒和终端传媒方向的执行，SCM 金融（面向社区店、面向消费者）方向的金融服务，在星链微店、社区店、校园超市等的零售等。学生需要按企业标准完成所承接业务。

企业在此过程中将提供企业导师、商品及供应链支持，还将根据实际情况给予一定的工作补助。

（二）承接校园快递业务

校企合资公司后可与地方快递公司合作，承接校园范围内的快递揽投业务，服务于以校园为中心的社区，解决安全和成本的两大校园快递障碍，为校园快递提供第三方平台。与院校合作设立快递服务配送中心，打通校园快递"最后一公里"。也可以发布同城快递服务广告，做适当的网络推广，承接同城的快递业务外包服务，创造区域优势。

（三）承接超市代运营

校企合资公司可承接地方的超市代运营业务，构建线上线下融合的前沿商业模式，服务校园及社区生活。辅助超市及线下品牌，重新定位线上客户群体，优化产品供应链结构，以孵化模式制定行业标准。结合超市的实际现状，提供符合校园超市实际需求的销售模式、销售规则、在销商品的选取和相应的市场策略。

（四）承接电商代运营

校企合资公司可承接电商运营服务，如天猫、淘宝代运营、京东代运营托管、阿里巴巴代运营、微商城代运营、微信代运营等。辅助电商线上及线下品牌重新定位客户群体，优化产品供应链结构，以孵化模式制定行业标准。校企合资公司可以提供电商活动的全面管理服务，包括客服、店铺装修、上传新产品、产品维护、营销推广、CRM管理及商城维护等增值服务。

（五）承接跨境电商代运营

校企合资公司可针对成熟且经过市场检验的产品、希望降低运营风险的客户，组建专属的跨境电商销售团队，以更好地促进产品的销售。为客户提供专业化、品牌化的网站店铺界面设计、网店店铺运营策划、网站建设与店铺装修等，提供快、准、狠的直通车式推广，进行高端的店铺装修设计，打造真正的"爆款"，提供安全、快速、可靠的店铺信誉优化，并进行由第三方大数据平台支撑的大数据分析。凭借多年的电商实战经验的积累，总结出从店铺管理、运营、推广、营销服务等形成一站式系统服务战略，为客户提供具备真正有价值的跨境电子商务代运营。

（六）承接地方社会培训

校企合资公司可针对社会及企业需求，承接商务、社会培训业务，提供教学、会议、住宿、餐饮等专业综合性一站式服务。在高校利用自身的品牌和培训资源的优势，设立培训基地，根据基地所处单位和部门的需要，开设有价值的培训类目，打造一支社会服务能力强的培训师资团队。经过智慧供应链人才培养体系的人才选定后，有针对性地开展人才培训业务，让社会成员实现到高校校园参加培训。

（七）承接农产品电商基地

校企合资公司可将院校已有的仓储配送实训室，打造成为农产品电商基地，承接地方特色农产品的线上销售及线下配送业务，打造农产品电商的B2C模式、"家庭会员宅配"模式和"订单农业"模式。

第七节　全方位的竞赛体系

一、跨境电商技能竞赛

跨境电商竞赛参赛对象为全国范围内从事跨境电商的企业及创业者、各高校电商专业团队及相关教师、学生团队以及其他个人创业者临时组建的团队。比赛分进口组和出口组，通过前期甄选，两个组共有48支参赛队参加预赛。评委将对各个团队的店铺经营、项目规划情况进行打分，从中评出团队3强和个人3强，参加决赛，最终评选出团队金、银、铜奖，以及最佳个人奖（金奖团队店长）、最佳美工奖、最佳运营奖、最佳营销奖。

跨境电商技能竞赛比赛项目分为跨境电商出口实战、跨境电商模拟赛、跨境电商出口创新创业方案设计，大赛平台通过智慧供应链人才培养体系上的跨境电商模拟比赛平台的跨境电商出口实战平台，在跨境电商平台上管理速卖通和WISH店铺的订单管理等操作。竞赛的评分标准包括方案思路、订单管理、财务分析、市场营销、项目运营等内容。

跨境电商技能竞赛分单项赛和团体赛。

①单项赛项目：跨境电商出口实战（速卖通、WISH店铺）、跨境电商模拟赛。

②团体赛项目：团体赛内容包括三个部分，跨境电商出口实战、跨境电商模拟赛、跨境电商出口创新创业方案设计。

二、供应链管理竞赛

校企联合举办创业竞赛，以院校为单位进行报名，创业竞赛可分为校内选拔赛、省市半决赛以及全国总决赛三个阶段赛事。通过供应链管理竞赛可以激励学生的开发创新能力、想象力和创造力。

每个参赛队由 4 人组成，分别担任公司的运营、采购、销售及供应链的角色。假设场景为一家公司由于供应链管理不善，企业正处于困境之中，四个角色需要集体考虑公司的战略和绩效目标、战略实施的方法、战术的协同以及结构化实施流程，使处于亏损状态的公司实现盈利，内容设计需求计划管理、采购管理、履约品控管理、仓储配送管理等供应链管理的核心内容。

通过竞赛，可以学到供应链战略制定与实施、供应链职能部门之间的协同与权衡、标准作业程序（SOP）流程管理、供应商管理、产能与库存管理、供应链风险管理、端到端供应链跨职能意识等知识。

三、双创竞赛

大赛参赛的团队应具有创新能力和高成长潜力，主要从事高新技术产品研发、制造、生产及服务等方面的业务，保证经营规范，社会信誉良好。

参赛团队要求：在报名时未在国内注册成立企业的、拥有科技创新成果和创业计划的团队（如海外留学回国创业人员、进入创业实施阶段的优秀科技团队、大学生创业团队等）；核心团队成员不少于 3 人；参赛项目的产品、技术及相关专利归属参赛团队，与其他任何单位或个人无产权纠纷。

双创竞赛体系如图 36 所示。

四、外贸技能竞赛

中等职业学校、技工学校、职业高级中学、高职高专院校、本科院校均

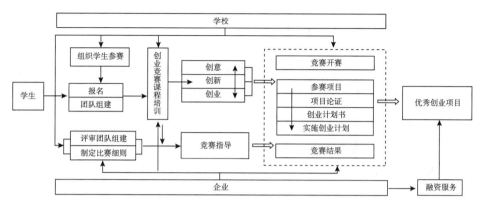

图36 双创竞赛体系

可组队参加竞赛。本竞赛以院校为单位报名参加，每个院校参赛队数量不能超过 2 个，每个参赛队组成人员为领队老师 1 人、指导老师 2 人、选手 3 人。同组参赛队员应由同级学历的学员组成。

竞赛设国际贸易师组和助理国际贸易师组两个组别。中等职业学校、技工学校、职业高中学员参加助理国际贸易师组的赛事；高职高专院校、本科院校学员参加国际贸易师组的赛事。

竞赛以货物贸易进、出口业务为模拟对象，共设出口业务操作、进口业务操作、进出口成本核算及综合业务操作三个竞赛模块。全部竞赛模块在跨境电子商务模拟平台中完成。

各组各模块均设单项技能奖（一等奖 2 名、二等奖 4 名、三等奖 6 名），授奖依据为参赛队各模块实际得分；各组均设综合技能奖（一等奖、二等奖、三等奖），其中国际贸易师组各奖项的获奖数量不超过本组参赛队总数（本科院校除外）的 20%、30%、50%，助理国际贸易师组各奖项的获奖数量不超过本组参赛队总数的 20%、30%、50%，授奖依据为本组各模块得分的加权合计得分。本科院校学员组成的参赛队赛事成绩在本组统一排序统一计奖，但获奖名额不占用高职高专院校的名额。

竞赛依据参赛队组织情况设置优秀组织奖若干名。

承办方选送的参赛队可获得相应奖项，但不占用获奖名额。

五、世界技能—货代竞赛

每个学校限报 1 队，每支参赛队由同一院校的 3 名在籍学生（性别和年级不限）选手和 1 名本校指导教师（兼领队）组成。

报关技能比赛设置仅设团体赛项目，分两个项目进行。

根据《报关服务作业规范》（HS/T 32—2010）和《报关员国家职业标准》（X2 – 06 – 05 – 01）要求、行业文化特点和行业前沿发展趋势，竞赛重点考查参赛选手的实践操作能力，采取人机对话方式进行，在报关技能竞赛平台上完成通关方案设计和通关方案实施准备作业。比赛时间 150 分钟。整个团体成绩为通关方案设计与通关方案实施准备作业分数之和。

各参赛队 3 名选手根据《报关员国家职业标准》要求，利用竞赛平台完成从业人员必备的商品归类、税费核算和报关知识等相关竞赛任务。比赛时间 180 分钟。题型包括单选题、多选题、判断题、填空题和填写海关专用缴款书。由组委会指定的第三方专家组卷，本赛项采用计算机评分的方式，竞赛成绩以计算机判定成绩为准。每支参赛队的 3 名选手分别在计算机上答题。团体成绩为 3 名选手总成绩的平均值。

全部比赛内容在益达科技报关技能大赛平台上完成。参赛选手根据赛题要求，在规定的时间内完成答题并提交。

第八节 "课证融合"的认证评估

为了实现"双证"制，增强学生就业竞争力，提高就业率和就业质量，益达教育实施"课证融合"人才培养模式。所谓"课证融合"人才培养模式，是指把专业培养岗位相关含金量高的职业考证（如跨境电子商务职业资格证书）贯穿于专业人才培养方案，每个职业考证对应一个职业考证课程包，并使课程结构、教学内容和教学进度安排与职业考证的内容、要求和时间相一致，使绝大多数学生毕业时获得"双证"，从而最终培养出被社会承认的大批高素质技能型人才。

一、电子商务师（中国电子商务协会）

中国电子商务协会协助政府部门推动电商发展，益达教育通过联合中国电子商务协会组织开展电子商务国际交流与合作，推广国际、国内电子商务技术及应用成果，培养电子商务信息化的人才。

学生通过对电子商务和跨境电子商务的学习，对电商知识、网络营销、电子文件与安全、电子交易与支付、国贸实务、国际结算、单证处理、电子口岸、报关报检等内容进行考核，认证是否符合电子商务师、助理电子商务师、电子口岸员等岗位的职业从业能力，颁发跨境电子商务师等系列资格证书。

学生通过对国际贸易实务的学习，包括西方经济、国际贸易、国际贸易实务、国际金融、国际商法、外贸函电、国际市场营销、市场调查与预测、电子商务概论、外贸谈判技巧等，考核国际贸易业务与管理能力、外贸企业的经营与管理等岗位的职业从业能力，认证合格者颁发国际贸易师等系列资格证书。

二、供应链高级经理（中国物流与采购联合会—怡亚通）

开展职业经理人资格认证工作是一项实施人才强国战略的必要工作之一。职业经理人需要养成一种能不断学习的能力，只有具备这种学习能力、创新能力，才能适应不断变化的竞争环境，才能使企业及自身永远立于不败之地。

校企与国内权威的职业经理人认证机构进行三方合作，对以供应链思维人才培养模式培养出来的学生进行职业经理人认证评估。供应链高级经理对接课程及实训项目如表23所示。

表23　　　　　　　　　供应链高级经理对接课程及实训项目

教学计划	课时	配套载体	课程内容
ITC供应链管理国际资格认证课程	60	ITC供应链管理国际资格认证与考证平台	①如何认清组织环境；②如何明确需求与规划供应；③如何进行供应市场分析；④如何制定供应战略；⑤如何评估与初选供应商；⑥如何获取与选择报价；⑦如何进行商务谈判；⑧如何准备合同；⑨如何管理合同与供应商关系；⑩如何

续　表

教学计划	课时	配套载体	课程内容
			进行供应链中的物流管理；⑪如何进行库存管理；⑫如何进行绩效考评；⑬如何进行环保采购；⑭如何进行集中采购；⑮如何进行电子采购；⑯如何管理客户关系；⑰如何进行运营管理；⑱如何进行供应链财务管理；⑲如何进行供应链中的包装；⑳如何进行供应链中的质量管理

第九节　质量保证与评价体系

与颁布相关职业资格认证证书的有关机构与工信部、商务部相关认证中心，根据商贸流通职业教育实践教学规范标准、中国物流与采购联合会供应链人才体系标准以及怡亚通全球供应链体系等设计出一套全新的智慧供应链人才评估体系，与国内权威的职业经理人认证机构进行三方合作，对以 C2B 人才培养模式培养出来的学生进行职业经理人认证评估，合格后予以颁发相应的认证证书。该评估体系框架如图 37 所示。

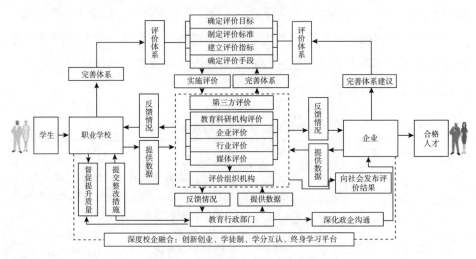

图 37　质量保证与评价体系框架

智慧供应链人才培养应用案例

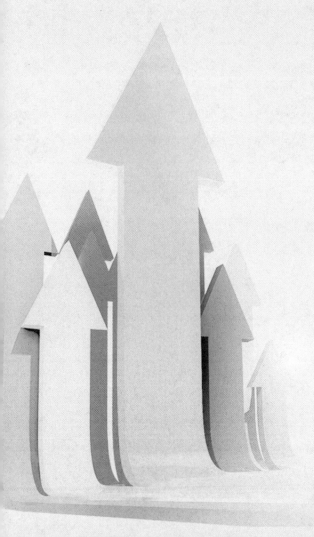

第三章　智慧供应链——校企协同育人模式

一、"订单班"形式合作

以"怡亚通订单班"的形式展开合作，在院校实施人才定向培养。"订单班"的组建是企业与学生的双向选择，需要由校企双方共同制订学生的人才培养方案，根据市场要求为学生量身定制教学计划，导入与企业无缝对接的课程体系、教材、软件平台、产品培训、师资培训等，开展实践教学，学生通过毕业考核确定实习岗位。

订单班合作模式，对学校来说，是以"订单"导向为主导的专业教学，将职业标准融入课程教学中，有助于创新教学内容、方法和手段，深化教学改革；对于学生来说，有助于明确努力方向和奋斗目标；最终使院校成为企业的"高素质人才培养基地"，企业成为院校的"校外实习实训基地"。

二、项目形式合作

以项目的形式展开校企合作，整合院校原有实践教学环境，导入企业真实业务，从课程角度入手，展开师资培训，组织教学与实施，以学生所面临的当下校园市场环境为背景，通过线上线下指导学生真实经营这样一个实体，让学生在消费者、服务者、经营者、决策者、流程设计者的角色不停转换，锻炼学生对市场经营行为的认知。该项目业务正常运作后，可以真正做到服务地方经济发展。

三、合作成立创新创业学院

以合作成立创新创业学院的形式展开校企合作，服务于全校师生，建设完整的创新创业实践教学基地，教学层次覆盖从仿真—全真—双创的全过程。

创新创业学院是集创业孵化器、创业集训营、创业生涯指导、对接项目、注册公司、税务登记、采购营销、企业管理于一体的综合性大学生"互联网＋创客＋社区"平台。企业将为其汇集各方资源，为学生创新创业提供资金、经验以及场地等多种支持。

四、校企混合所有制办学

以校企混合所有制办学为理念，确定建设专业群，开设覆盖该专业群的跨专业实践课程，探索跨院系、学科、专业交叉培养创新创业人才的新机制，建设创新创业实践教育体系，带动学校人才培养模式升级，共育复合型双创人才，增强学生的创新精神、创业意识和创新创业能力。

其中，企业提供相关专业课程、系统、教学实施、研究课题，创新学校教学模式、改变教学方法与过程、盘活学校固定资产资源、引企业入学校，完成学校的功能转变。

第四章 智慧供应链人才培养实践案例

一、"学徒制＋中高职"衔接人才培养基地

南海信息技术学校物流电商应用学院与高职学院、益达（广州）教育科技有限公司、深圳市怡亚通供应链股份有限公司合作，联合进行现代学徒制的招生，形成五年一贯制大专学历高技能人才培养模式。

学徒制人才培养实践基地能够完成以下运营创新项目：O2O 线上平台运营项目、O2O 星盟超市运营项目、O2O 仓储与配送运营项目等。项目以学徒制的形式进行实践运营，主要通过 B2B、B2C、O2O 等电子商务运营平台和跨境电子商务平台，宣传在售产品的信息等。学生可以通过真实运营电子商务中心、跨境电子商务平台中心直接在网站平台下单，通过物流公司运输、生产厂家生产的业务，了解电子商务产业链作业全过程。实践基地场景示意如图 38 所示。

图38 实践基地场景示意

二、"二元制"怡达全球供应链产业学院

怡达深度产教融合＋大商科人才培养模式依托怡亚通 O2O 商业生态圈，在建设过程中与中高职院校的相关专业相关联，引入其 B2B2C/O2O 分销平台、零售平台、增值服务平台以及传媒营销平台，实现深度双圈融合教学模式（双圈包括全球供应链商业生态圈与校园创新创业生态圈）。

同时，也可有效地服务于地方经济，人才培养模式的初步形成，也将意味着校园商业生态圈的成立。校园生态圈以"互联网＋教育"为基础发展模式，建设内容包括"互联网＋专业建设""互联网＋实体建设""互联网＋创新创业（学院）"以及"互联网＋产教融合"建设。实训基地场景示意如图39 所示。

图39 实训基地场景示意

三、混合所有制供应链学院

混合所有制供应链学院实训基地根据学校全球供应链运营需求与学校现有的实训基础从校内电商创新教学实训体系、校企合作学徒制与双主体实战运营体系、配套教学支持等几个方面进行建设。

通过与怡亚通、益达合作，将其创新创业校园物流产业链充分引入校园，形成以创新创业物流产业链为主题的校园物流供应链平台。具体目标是在学校本身教学环境基础上升级成以培养符合社会需求的应用型人才体系。同时能够达到依托于怡亚通全球供应链平台使校园生态圈完成资金流、物流、商流三流合一的综合业务功能。

在学院的建设中，学校、教师、学生都以双重身份进行定位，根据对这三者不同的角色定位，可以使整个产业学院完成授课育人的学校使命，也能够达到与现代服务业接轨的创新创业企业的运营标准。南宁学院与怡亚通等校企合作情况如图 40 所示。

图 40　南宁学院与怡亚通等校企合作情况

四、深度产教融合供应链与跨境电商学院

郑州科技学院全球供应链与跨境电商学院是以政校行企合作、产教深度融合、"仿真—全真—创新—创业"教育实战、创新平台与创业无缝融合的模式进行建设。且根据怡亚通商业生态圈人才需求对学生在专业建设提升层面、服务地方经济层面进行培养，学院的建设是做好大学生创业教育的有效途径，也是为了适应时代的发展，提高大学生自主创业能力、提高大学生的创新能力、提高大学生的诚信素质、深化教育教学改革、完善创新创业工作体系的有效途径。学院场景示意如图 41 所示。

图 41　学院场景示意

智慧供应链——企业转型
升级的未来趋势

◇ **智慧生态价值链正在颠覆传统价值链，企业供应链的未来＝载体供应链＋生态供应链**

今天，全球企业全面进入竞争时代，企业与企业间的竞争不仅是合作联盟的竞争，更是生态圈的竞争。传统供应链正在被全新的智慧生态价值链颠覆，生态价值链体现的不仅仅是本身的价值，更体现在价值链各载体间"＋"的跨界整合、平台共享、共融共生。

线上线下（O2O）商业生态圈是企业的未来，未来企业供应链将是"载体供应链＋生态供应链"的全新形式。未来企业需依托生态载体，通过"＋"创造竞争力，可以"＋金融""＋传统服务""＋各种增值服务""＋客户的多样性、碎片化需求"，提供不同类型的服务，从而通过"＋"实现对不同行业的跨界整合。

怡亚通O2O供应链商业生态圈以消费者为核心，以完善的供应链服务平台为载体，通过线上线下O2O的全面结合，建立"分销＋零售＋金融服务＋传媒＋增值服务＋……"的生态平台，打造一个更细致、更智慧的商业生态。

第五章　国内典型企业全球供应链发展与业务构成

第一节　顺丰快递"物流+金融+商业"生态圈

顺丰速运（集团）有限公司（以下简称"顺丰"）由王卫于 1993 年成立，总部设在广东省深圳市，是一家主要经营国内、国际快递及相关业务的服务性企业。顺丰拥有 38 家直属分公司、5 间分拨中心、近 200 个中转场、7800 余个基层营业网点，覆盖全国 31 个省（包括自治区及直辖市），和近300 个中、大城市，及 1900 余个县级市或者城镇。此外，顺丰在中国香港、中国澳门、中国台湾、韩国、日本、马来西亚、新加坡及美国都设立了网点，或开通了收派业务。

2016 年 5 月，顺丰推出了数据增值服务"数据灯塔"，覆盖计算机、通信、消费性电子（3C）以及服装、鞋靴、母婴、美妆、生鲜、家电等多个行业的相关数据，以智慧物流方式帮助商家优化产品运营，调整营销策略。除此之外，顺丰的电商业务也在如火如荼地开展，包括"顺丰 E 商圈"、顺丰优选、嘿店、到风趣海淘等。顺丰"物流+金融+商业"生态圈内容如图 42 所示。

第二节　飞马国际国内外金属、煤炭、塑化与综合供应链服务

深圳市飞马国际供应链股份有限公司（以下简称"飞马国际"）是在中国深圳证券交易所上市的、致力于高端物流服务的专业供应链运营商。飞马

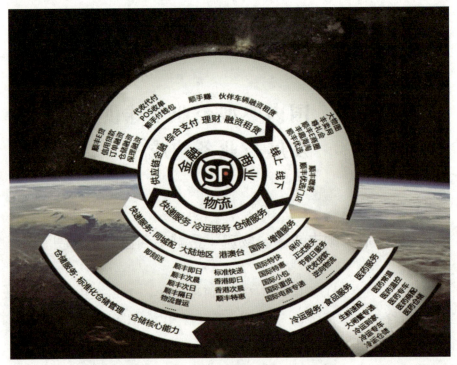

图 42　顺丰"物流 + 金融 + 商业"生态圈

图片来源：中国电子商务研究中心（www. 100EC. cn）。

国际是致力于现代物流服务的专业供应链服务商。其主要业务包括有色金属供应链服务、综合供应链服务、煤炭供应链服务与塑化供应链服务。多年来，飞马国际一直进行国内、国外客户采购与销售方案和运作的建设，为世界五百强企业及大型制造业和流通领域的企业提供国际国内采购执行、国际订单执行、塑化市场与供应链服务、大型特种设备国际采购与物流、贸易执行、全国口岸进出口通关、保税物流、集团采购与标案执行、国际国内物流服务、集货与分拨、精益化仓储管理等"一体化"供应链服务，服务能力与口碑较高。飞马国际业务订单处理流程如图 43 所示。

第三节　普路通"嵌入式"的整体供应链服务模式

深圳市普路通供应链管理股份有限公司（以下简称"普路通"）成立于

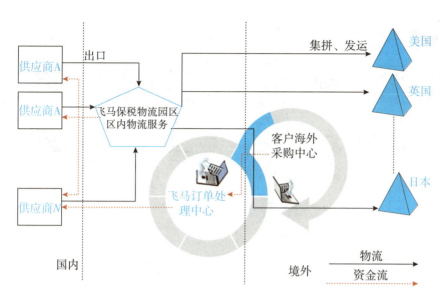

图43 飞马国际业务订单处理流程

图片来源：飞马国际官方网站。

2005 年 12 月，普路通致力于供应链管理服务。其综合运用包括管理、金融、信息在内的各种手段和工具，创新性地为客户提供包括物流、商流、资金流、信息流和工作流在内的供应链改进方案并协助其执行，包括供应链方案设计、采购、分销、库存管理、资金结算、通关物流以及信息系统支持等诸多环节在内的一体化供应链管理服务，以帮助客户提高其供应链的运作效率并降低其运作成本。普路通现为深圳市物流与供应链管理协会理事单位，深圳市物流与供应链服务行业标准化委员会成员单位。根据 2014 年全国海关信息中心公布的我国一般贸易进口企业百强榜，公司排名第十四名。

随着公司的快速发展，从原先的电脑及零配件、智能手机、平板电脑等行业，逐步迈向智能移动互联全产业链领域，为广大高科技企业提供零配件的集中采购、虚拟生产等一系列专业的供应链整合方案策划与执行服务。公司通过标准化流程管理和个性化解决方案相结合的竞争优势，已相继与长城、同方、曙光、创维、小米、澳门电信、光宝集团、烽火科技、DHL、高新奇等多家知名企业建立了长期的战略合作伙伴关系。普路通为小米提供的供应链一体化服务如图 44 所示。

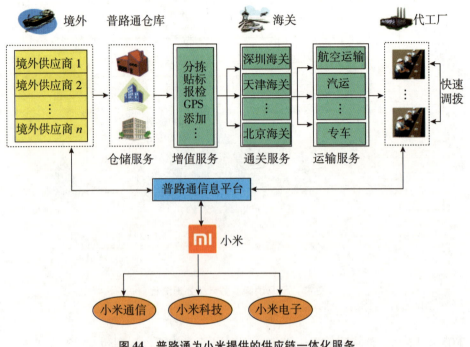

图 44　普路通为小米提供的供应链一体化服务

第四节　一达通"外贸综合服务平台 + 供应链金融"模式

　　深圳市一达通企业服务有限公司（以下简称"一达通"）成立于2001年，是我国第一家面向中小企业的外贸综合服务平台型企业，于2014年加入阿里巴巴，成为阿里巴巴全资子公司。一达通开创了将国际贸易与流通服务分离的外贸服务新业态，采用标准化、专业化、网络化的手段为中小企业提供通关、物流、退税、外汇、融资等一站式外贸综合服务。通过高效整合中小企业外贸流通服务资源降低中小外贸企业运行成本，改善中小企业交易服务条件，特别是金融服务条件，有效地扩展了中小企业生存发展空间，让"小企业"享受"大服务"。一达通"$N+1+N$"业务模式如图45所示，一达通各外贸出口业务环节示意如图46所示。

图45　一达通"N+1+N"业务模式

图片来源：百度文库。

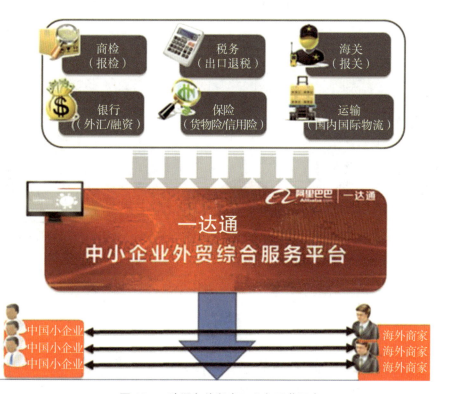

图46　一达通各外贸出口业务环节示意

图片来源：百度文库。

第五节 腾邦国际"B2B2C+供应链金融"生态圈

深圳市腾邦国际商业服务股份有限公司（以下简称"腾邦国际"，股票代码：300178.SZ），是商务部首批"商贸服务典型企业"，科技部"现代服务业创新发展示范企业"，国家级高新技术企业。腾邦国际贯彻执行"'旅游+互联网+金融'构建大旅游生态圈"战略，深化构筑"以机票为入口、以旅游为核心、以金融为翅膀、以互联网为手段"的产业生态圈，夯实旅游全产业链布局。

腾邦国际旗下拥有旅游服务品牌包括腾邦旅游集团、欣欣旅游等；金融服务品牌包括第三方支付"腾付通"、小额贷款"融易行"、互联网金融平台"腾邦创投"、保险经纪"腾邦保险"等。腾邦国际现代服务全产业生态链如图47所示。

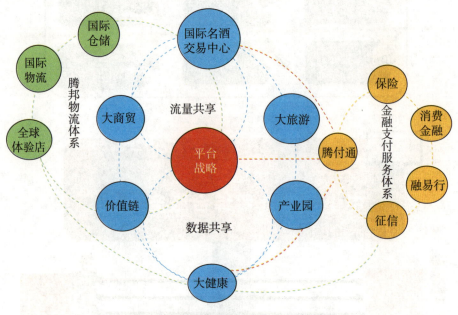

图47 腾邦国际现代服务全产业生态链

图片来源：中国物流与采购网——学术研究。

第六节　怡亚通 B2B2C/O2O 供应链商业生态圈

怡亚通是中国第一家供应链上市企业，以全球视野整合优势资源，建立了物流、商流、信息流、资金流四流合一为载体，生产型服务供应链、流通消费型服务供应链、全球采购及产品整合服务供应链为核心的一站式全球整合型供应链服务平台，帮助企业构筑核心竞争优势。怡亚通的业务范围覆盖信息技术、通信、医疗、化工、快消、家电、服装、安防、汽车后市场、太阳能等，正在为全球一百余家世界 500 强企业和近两千家国内外知名企业提供专业供应链服务。

怡亚通为生产型企业搭建采购与采购执行、销售与销售执行服务平台，提供贯穿整个供应链的交易服务、国内物流、国际物流、通关、供应商管理库存、分拨配送、资金配套及信息处理等服务，帮助企业实现全球采购与销售。

怡亚通以消费者为核心，以物流为基础，以供应链服务为载体，以互联网新技术为共享手段，打造十二大服务平台，联合供应链各环节参与者，努力构架一个跨界融合、平台共享、共融共生的供应链商业生态圈。如图 48 所示。

第七节　京东"智慧供应链战略"

京东"智慧供应链战略"又称为"Y – SMART SC"，围绕数据挖掘、人工智能、流程再造和技术驱动四个源动力，形成覆盖"商品、价格、计划、库存、协同"五大领域的智慧供应链解决方案。用技术帮助京东商城与合作伙伴解决"卖什么、卖多少、怎么卖、放哪里、数据价值应用"的问题，如图 49 所示。"智慧供应链解决方案"的全面应用将有效提升运营效率，将大量人力从烦琐的重复工作中解放出来。预计到 2017 年年底，自动化商品补货在核心品类中将覆盖 80％ 以上的采购场景；日常的非促销价格调整 80％ 以上

图 48 怡亚通 B2B2C/O2O 供应链商业生态圈

注：DC，配送中心。

图片来源：深圳市怡亚通供应链股份有限公司。

可以由系统自动处理；同时，将有百家企业接入开放的京东智慧供应链系统，全面提升智慧运营能力。此外，京东携手供应链领域专业合作伙伴成立"京东供应链学院"，争取让京东成为中国拥有最多专业零售供应链人才的企业。

①好商品——解决卖什么的问题；

②好价格——解决卖多少钱的问题；

③好计划——解决怎么卖商品的问题；

④好库存——解决商品放到哪里的问题；

⑤智慧协同——让数据产生更有价值的流动。

图 49　京东"智慧供应链战略"（Y – SMART SC）

图片来源：威易网（http：//www. weste. net/2017/03 – 02/114764. html）。

第八节　阿里巴巴"智慧供应链中台"

阿里巴巴在 2016 年"双 11"首次提出"新零售"后，引发了零售商、品牌商的积极响应，整个零售行业正在经历全面的商业互联网化变革，线上线下的全面融合是大势所趋。伴随着市场行业的变化，阿里巴巴推出"智慧供应链中台"帮助零售产业链上各个角色解决面对不同的消费群体的需求分层问题，以使其自身供应链适应市场需求并保证利润，同时可根据市场进行供应链网络的渠道化改造，满足不同商家群体需求及确保盈利。此外，商家可通过中台的全链路可视化分析了解市场动态，实时跟踪供应链的成本和效益，及时调整自身的供应链需求计划，保证资源的最优配置，制定更靠近消费者的产品差异化策略。与传统供应链相比，阿里巴巴"智慧供应链中台"能够取得更加精准的销量预测，实现更加高效的供应链上下游各个企业、商家、服务商的计划协同，更加平稳的库存管理，以及更优的网络资源配置，打破了传统供应链分散割裂的信息孤岛，重塑了整条链路，实现了全渠道信息共享和联动。阿里巴巴"智慧供应链中台"示意如图 50 所示。

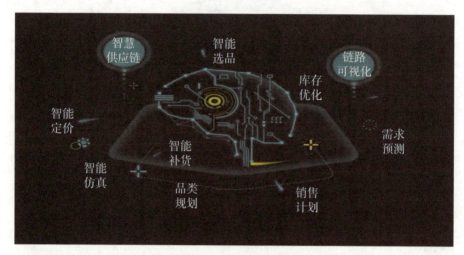

图 50　阿里巴巴"智慧供应链中台"示意

图片来源：资讯网。

第九节　1 号店"大数据下的智慧供应链"

纽海信息技术（上海）有限公司（以下简称"1 号店"）是国内首家网上超市，自 2008 年成立以来，一直将供应链体系建设作为公司发展的核心手段，并且取得了很好的成绩。目前，1 号店已成立一个约 1000 人的 IT 团队，独立开发了大量的供应链管理模型、技术和系统（如 1 号店 SBY 平台，其架构如图 51 所示），并在中国申请了多项专利技术，获得了 124 个软件著作权，已成长为国内领先的 B2C 网上购物平台。

1 号店的使命是"用先进的系统平台和创新的商务模式为顾客和商家创造最大价值。"它的目标是打造"网上沃尔玛"，打造一个综合性电子商务 B2C 平台。"1 号店，只为更好的生活"，这是 1 号店对自己的定位，致力于使用户可以以"比超市更便宜的价格"购买到与自己息息相关的各类商品，包括食品饮料、美容护理、家居家电、厨卫清洁、母婴玩具等类目的产品。1号店期望为顾客提供一种全新的生活方式，正是这种生活方式的改变，给了客户不一样的体验与价值。

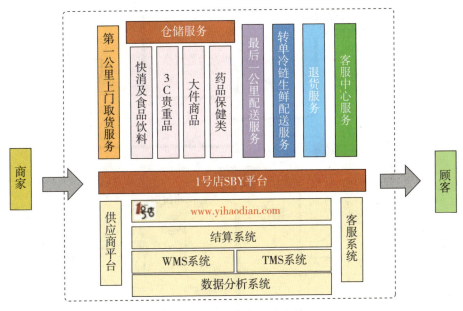

图51 1号店SBY平台架构

第十节 苏宁电器布局供应链生态圈

在互联网零售O2O模式中，支付和物流就像血液一样支撑着整个系统。苏宁目前已经构建了较为完整的互联网金融业务布局，易付宝接入快捷支付银行71家，注册用户数达到8420万人，网银全覆盖，提升了支付便捷性。

苏宁已经形成了全国性的仓储配送网络，拥有物流仓储及相关配套面积达到403万平方米，物流网络已实现全国90%区县的覆盖。苏宁"物流云"信息服务平台加速推进建设，仓储运作、运输配送、信息平台逐步成熟，苏宁"物流云"实现全面社会化开放。

放眼全球互联网零售行业，电子商务和实体连锁这对冤家已经逐渐走向融合，O2O模式正成为互联网零售的必由之路，而苏宁则一手占据线下的实体连锁优势，一手紧抓线上平台建设推广，金融和物流则将两只手攥成一个拳头，这一拳必然力道十足。苏宁电器云商供应链生态圈如图52所示。

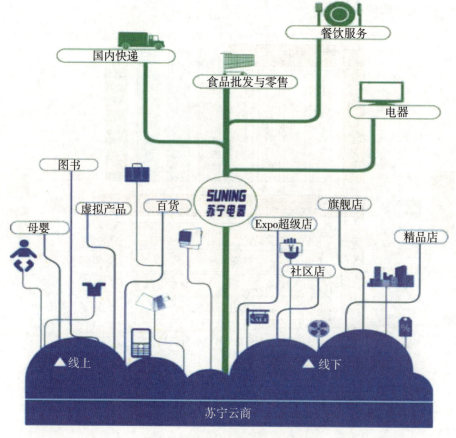

图52　苏宁电器云商供应链生态圈

图片来源：艾瑞网。

第十一节　亚马逊打造"大数据生态圈"

亚马逊从成立至今经历了20多年的发展，同时也在这期间引领了电商仓储物流发展，亚马逊已经组建了一个通达全球的网络，通过遍布全球的109个运营中心，可到达185个国家和地区。在中国，亚马逊有13个运营中心，近300多条干线运输线路，可向1400多个区县的消费者提供当日达、次日达服务。这样的规模，足以让亚马逊跻身世界一流物流企业。

亚马逊是最早玩转物流大数据的电商企业。亚马逊在业内率先使用了大数据、人工智能和云技术进行仓储物流的管理，创新性地推出预测性调拨、跨区域配送、跨国境配送等服务。

第六章　国际全球供应链企业发展与业务构成

第一节　联合利华"北美供应链战略"

联合利华集团是由荷兰 Margarine Unie 人造奶油公司和英国 Lever Brothers 香皂公司于 1929 年合并而成。总部设于荷兰鹿特丹和英国伦敦，分别负责食品及洗剂用品事业的经营。在全球 75 个国家设有庞大事业网络，拥有 500 家子公司，员工总数近 30 万人，是全球第二大消费用品制造商，年营业额超过美金 400 亿元，是全世界获利能力最佳的公司之一。

联合利华的"北美供应链战略"在过去几十年稳步发展，与其产品零售商一同追随着行业发展趋势。最近，围绕供应链的思考已扩展至从原材料到店内货架的方方面面。联合利华等公司开始与零售商合作，共享关于客户行为的数据和洞察。尽管这些公司保持着发展的步伐，但显然，随着时间的推移，这样做只能保持竞争力，若要实现突破性增长，还有待建立更强大的供应链。

联合利华意识到，一种解决方案不可能适合所有情况，而"合适的"供应链模式要求整合多个供应网络——这些供应网络通过组织架构与通用的后台基础设施相连，并采用相同的工作方式。一体化的供应链战略则要求在采购商品的成本、生产力、流动资本与运输费用之间达成适当平衡。进一步来说，供应链战略会通过销售点驱动型价值链，关注整体供应链管理。特殊包装和促销管理被纳入供应链职能的范围之内，旨在增加销售额，并通过结合商业战略，提供超越"完美交货"的价值。从制造商供应链到零售商供应链的转变，不是简单的商品移交，而应是无缝衔接的一体化流程。

第二节　思科网络"协同采购供应链"模式

思科网络系统公司（Cisco Systems，Inc.），（以下简称"思科"），于1984年12月正式成立，是互联网解决方案的提供者，其设备和软件产品主要用于连接计算机网络系统，总部位于美国加利福尼亚州圣何塞。

《财富》在2008年发布的高盈利科技企业排行榜中，思科位于第3位。思科是全球领先的互联网解决方案供应商，2008年销售收入395亿美元，在2009年美国《财富》500强中排行第57位。在2015年《福布斯》世界500强排行榜中，思科排在第76位。

思科精简销售、服务和技术事业部门，并专注于核心路由、交换和服务、协作、数据中心虚拟化和云计算、视频、业务转型架构等几大领域。思科网络实现企业销售、制造与运输、市场、财务、采购部门与应用软件、服务器等的无缝集成。客户通过各种方式接入互联网，再与思科的电子商务服务挂接。通过整合信息流传递，资金流兑付，以及合作伙伴、客户、代理商、订单履行，实现供应链的整合。思科通过协同采购方式，实现其和第一阶供货商、第二阶供货商、CM代工厂与供应商的联动协同，如图53所示。

第三节　高露洁"SCM系统"

高露洁公司是消费品行业的领袖，总部位于美国纽约的高露洁公司是一家资产达94亿美元的全球性消费品公司，在美国及全球范围内制造并销售的消费类产品种类繁多，包括牙膏、肥皂、洗涤用品和宠物食品等。该公司的业务遍布200多个国家，其中70%的销售来自国际市场，80%的雇员位于海外。高露洁公司在SAP公司提供的企业管理解决方案的基础上建立高露洁供应链管理（mySAP SCM）。

高露洁从1995年开始采用SAP公司提供的企业管理核心解决方案，通过

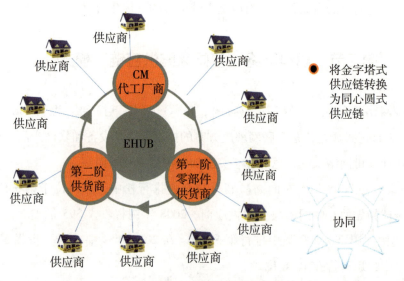

图53 思科协同采购模式

财务管理、后勤规划和其他业务环节等统一并全球支持公司的运营。采用 SAP 公司的系统也推动了高露洁公司内部所有产品命名、配方、原材料、生产数据及流程、金融信息等方面的标准化。高露洁公司 SCM 系统整体架构如图 54 所示。

第四节　星巴克"供应链库存生产模式"

星巴克公司的供应链支持三种渠道：特殊渠道、直销渠道和零售渠道。特殊渠道为航空公司和别家零售店服务，直销渠道处理邮购业务，零售渠道则为自己的店铺和合资店铺服务。星巴克公司采用集中的供应链运作模式来同时支持三个渠道，如图 55 所示。

第五节　强生公司"一盘散沙"式销售模式

强生公司成立于 1886 年，产品畅销于 175 个国家和地区，涉及消费品及个人护理产品、医药产品和医疗器材及诊断产品市场等多个领域。2010 年，

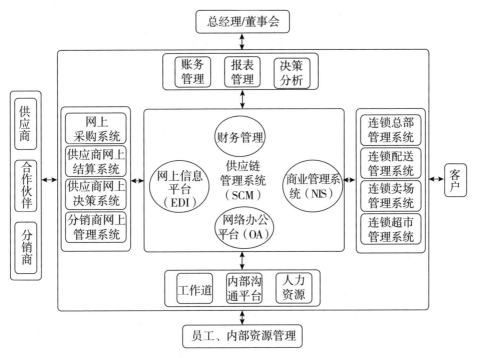

图 54　高露洁公司 SCM 系统整体架构

图片来源：豆丁网。

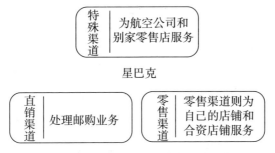

图 55　星巴克供应链支持的三种渠道

图片来源：采购帮网。

强生公司在《财富》世界 500 强企业排名第 108 位。

　　用品牌来占领市场，以品牌为核心的整合营销传播是强生公司进入中国市场的重要策略之一。强生公司以对消费者负责的经营理念、独特的企业文化，配合其创新的多种媒体和各种促销活动以及网站的建立及应用，既赢得了消费者的厚爱，也获得了丰厚的市场回报。在新生市场，强生公司首先通

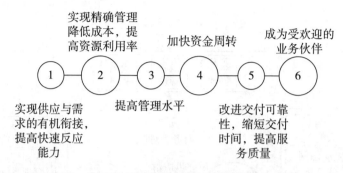

图 56 星巴克"供应链库存生产管理模式"优势

图片来源：采购帮网。

过结网布阵，攻城略地，通过收购、设立子公司等扩大规模，之后则采取"一盘散沙"式管理。

在强生公司，分权是一种贯彻始终的管理文化，分权＝创造力＝生产力。强生公司深信小而完全授权的单位能创造新产品、开发新市场，因此尽量保持小而独立的子公司，由子公司自行负责生产、行销、配销及研发。购并新公司后亦维持其独立性，也不断从现有组织中分支成独立的子公司。各子公司间奉行相同的信念，却不一定奉行相同的管理模式，每一个影响广泛的业务部门其经营模式都像一个独立的企业。公司能够将自己变为一个动力室，其原因就是：无论是公司收购来的还是公司创建起的每一个业务部门，都获得了近乎完全的自主权。这种独立意识培养了一种创业精神，使得强生公司在其他公司犹豫不决时也能保持激烈的竞争。给予各业务部门相对自主权，这使公司有能力对新兴机遇做出迅速反应。强有力的信念维系使下属公司在竞争中有序发展，企业间的资源也得到了最有效的分配和利用。强生公司的供应链特点包括：

（1）精简供应商，制约代理商。

（2）分析管理物流确保市场规范。

（3）设置承运人门槛保证产品质量。

第六节　香港利丰一站式垂直配套服务组合模式

在世界著名的《财富》杂志评选的全球最佳创意、最具有竞争力公司中，整个亚洲只有 15 家，中国香港只有两家。它不是和记黄埔也不是新鸿基地产，而是很多人还不熟悉但却是香港最大的贸易公司利丰集团和ESPRIT 公司。从一个传统的贸易商，发展为一家跨国的商贸集团，利丰集团是在实际的市场运作中边总结边实践供应链管理的概念和操作方法。其成功并不是发明了某项伟大的产品或软件，而是利用其深厚的商业关系、敏锐的市场触角和创新的流程设计，处理好与客户和生产商之间的互动关系。利丰集团为客户提供一站式垂直配套服务组合，包括产品设计及开发、原料采购、选择工厂、生产安排及管理、品质监控，并附加出口代理和物流代理等服务。在世界变"平"的今天，利丰集团并不谋求在一个地方生产出最好的产品，而是通过对产品的生产过程进行分解，对每个步骤进行优化并寻求最佳解决方案，然后在全球范围内进行生产。利丰集团供应链总体结构如图 57 所示。

上游段落（从设计、采购到生产）如图 58 所示。

利丰集团供应链上游的主要工作流程为：分析消费者需求，设计和开发产品，选择生产商和供货商，制订生产计划，采购原料，监控生产和保证质量。

中游段落（现代经销、批发与代理）如图 59 所示。

利丰集团供应链中游的主要工作流程为：消费者需求分析、委托生产、市场营销和销售驱动（批发）管理。

下游阶段（零售）如图 60 所示。

供应链下游的工作流程为：消费者服务以及消费者需求分析、零售商的市场策划。其实物流程则是指零售商与供货商之间的直接配送及中央仓配送。

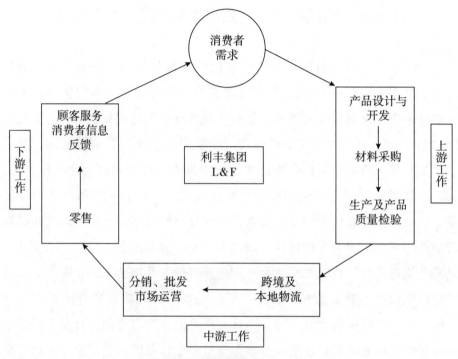

图 57　利丰集团供应链总体结构

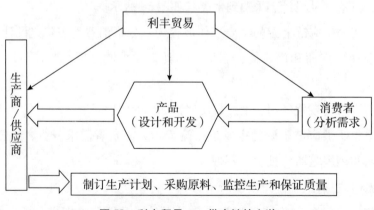

图 58　利丰贸易——供应链的上游

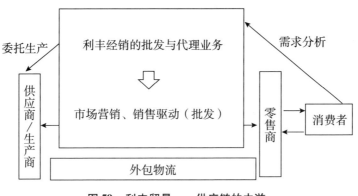

图 59　利丰贸易——供应链的中游

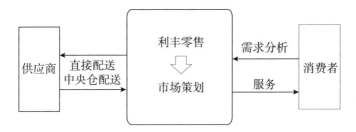

图 60　利丰零售——供应链下游

智慧供应链校园商业生态圈环境布局示意图